Haydar Işik *Der Agha aus Dersim*

Für Toni
mit herzlichen Grüßen
Haydar Işik
München, den 22.10.07

Haydar Işik

Der Agha aus Dersim

*aus dem Türkischen
von Sabine Atasoy*

A1 VERLAG

*Gewidmet denen, die sich für die Freiheit und
Selbstbestimmung des kurdischen Volkes einsetzen.*

*Pêşkeş bo wan kesên, ku xebat dikin ji bona
Azadî û Serxwebûna milletê Kurd.*
(Kurmanci-Dialekt)

*Pêşkeşe dine wo, kamo ke serwa Azadiya û
Serxwebûna milletê Kurd xebat keno.*
(Zazaki-Dialekt)

Memik Agha erwachte gegen Mittag. »Bringt Wasser für meine Rasur!« rief er, worauf Kemiz, die Magd, eine Kanne mit warmem Wasser, Seife, Becken und Handtuch bereitstellte. Der Agha setzte sich auf einem Schemel zurecht, benetzte das Gesicht und seifte es ein. Er nahm seinen Bart ab, der schon stark ergraut war. Einige Tage hatte er ihn sprießen lassen und nun achtete er bei der Rasur sorgfältig auf seinen Schnauzbart. Nur alle zwei, drei Monate stutzte er ihn ein wenig. Er konnte sich nicht daran erinnern, je ohne Schnauzbart gewesen zu sein, der Männlichkeit bedeutete und für Würde und Ehre stand. Zärtlich streichelte und zwirbelte er ihn und betrachtete sich dabei im Spiegel. Abends, bevor er sich schlafen legte, fettete er ihn, drehte ihn ein und band ein Tuch darüber, damit er in Form blieb. Wer den Agha einmal gesehen hatte, vergaß ihn wegen dieses Bartes nicht mehr.
Sein Frühstück stand bereit. Als er sich zu der auf dem Boden angerichteten Mahlzeit niederließ, fragte er seine Frau Yemosch: »Wo sind die Kinder?« »Das weiß ich nicht, sie sind fortgegangen«, gab sie zur Antwort.
Während des Frühstücks fiel kein weiteres Wort. Yemosch betrachtete ihren Mann, mit dem sie nun schon so viele Jahre das Kopfkissen teilte. Sie war eine schmale, hagere Frau und wirkte so schwach, als ob ein starker Wind sie umwerfen könnte. Ihr Gesicht, aus dem alles Blut gewichen schien, war gelblich-weiß. Eingefallen war es und runzlig geworden. Elf Kinder hatte sie zur Welt bringen, sie ernähren und großziehen müssen.
Sie war religiös, hatte ein gutes Herz und bemühte sich, niemals jemanden zu verletzen. Täglich wandte sie sich

dem Berg Duzgin zu und murmelte vor sich hin, als spräche sie mit ihm. Einen großen Teil des Jahres verbrachte sie mit Fasten. Hatte sie einen schlechten Traum, so fastete sie und sprach endlos Gebete für die Gesundheit ihrer Kinder und Kindeskinder. Jeden Morgen begrüßte sie die Sonne bei ihrem Aufgang und verabschiedete sie bei ihrem Untergang. Hoch erhoben hatte sie dabei ihre Hände, als wolle sie die Sonne berühren, dann strich sie über ihr Gesicht.
Der Aufgang des Mondes konnte sie in einen Glückstaumel versetzen wie ein Kind, das sich über ein Spielzeug freut. Sie bebte jedesmal vor Glück. Diese Schönheit, die die Berge von Dersim in fahles Licht tauchte, war das Antlitz *Hazreti Alis*,* das Strahlen seines Gesichtes. Es hatte sich im Mond gespiegelt und schaute nun wissend auf die Menschheit nieder. Mit zärtlichen Gebärden sprach sie Gebete. So hart der Agha war, so gutherzig, feinfühlig, klar und rein erschien Yemosch. In letzter Zeit war sie sehr nachdenklich. Sie dachte an ihre Tochter Fate und war besorgt.
»Frau, ich geh in die Stadt.« Die Worte ihres Mannes rissen sie aus ihren Gedanken. Yemosch fürchtete sich vor dem, was da kommen mochte.
Einige hundert Meter oberhalb seines Besitzes blieb Memik Agha unter dem Mandelbaum stehen. Von dort schaute er zunächst auf sein Haus, dann auf das Dorf Xidan. Der fruchtbare Boden der Ebene gehörte ihm, und der Agha sah sich als eine mächtige Platane, deren Wurzeln bis tief in die Erde hinab reichten. Mit seinen Kindern und Enkeln stellte er diese Platane dar, mit all ihren Ästen und Zweigen. Er war stolz auf die große Nachkommenschaft. Doch als ihm seine Tochter Fate einfiel, spuckte er voller Abscheu auf den Boden. »Diese Ruchlose! Sie befleckt die Ehre der Familie«, murrte er. Was er auch unternahm, sie wollte ihm nicht aus dem Kopf gehen. Schließlich ent-

---

* *Kursiv gesetzte Begriffe werden im Glossar am Ende des Buches erläutert.*

schied er: »Der Arm muß ab, bevor die Wunde schwärt.«
Er war einer der Großen des Stammes, und solch einem Mann konnte nicht gefallen, daß er wegen seiner Tochter bei den Leuten ins Gerede kam.
Mit schweren Schritten stieg er die Anhöhe hinauf. Der Weg führte am Steilufer des Flusses Kalesan entlang, das an einigen Stellen bis zu dreißig, vierzig Meter abfiel. Im Frühjahr führt der Fluß viel Wasser und seine Fluten sind rötlich gefärbt. Dann schreit und brüllt er, veranstaltet einen tosenden Lärm, er bewegt Felsbrocken und reißt Baumstümpfe mit sich. Wenn jemand am gegenüberliegenden Ufer riefe, man würde ihn nicht hören können. Im Sommer aber bleibt von diesem brausenden Fluß nur ein schmales Rinnsal.
Auf dem anderen Ufer lag das Haus von Mamo Kuj, in der Ebene gleich darüber das von Ale Postik. Genau auf der Höhe dieser Häuser ist der Weg am weitesten vom Fluß entfernt. Von hier aus bewegt er sich eine ganze Weile schnurgerade auf den Fluß zu und gelangt dann zur Quelle des Kalesan. Weiß schäumend sprudelt das kalte Wasser aus diesem Quell hervor, der unmittelbar über dem Flußlauf entspringt. Der Steilhang hinter der Quelle ist völlig kahl. Nur gelbrote Erde gibt es hier. Von hier holen die Dörfler für ihre Dächer die Erde, die wie Beton hält. Nur ab und zu muß sie gepflegt und gewalzt werden, dann dringt kein Tropfen ins Haus. Überall sind Gruben ausgehoben, und die Gegend erscheint wie eine Mondlandschaft. Der steile schlüpfrige Weg führt bald auf eine Ebene, auf der ein stets wehender, leichter Wind die drückende Hitze des Tales ablöst. Diese kleine Ebene ist sehr fruchtbar. Rechts stehen karmesinrot die Ruinen der armenischen Kirche. Dann geht es wieder steil hinauf. Die Steigung führt bis zum *Koje* Ser. An seinen Hang schmiegt sich die Kreisstadt Nazimiye.
Was sich hier Kreisstadt nennt, sind ein paar Läden, eine Herberge und einige hundert Häuser vielleicht. Seit kurzem gab es eine Kaserne mit dazugehörigen Stallungen,

ein Rathaus und einen Wohnblock für das Personal. Diese trugen ein Giebeldach und waren weiß getüncht. Die Kaserne und das Rathaus bestanden aus mehreren Stockwerken, sie waren gewaltig anzusehen. Das Zinkblech auf ihren Dächern blendete die Augen kilometerweit. Niemand sonst hatte einen Dachstuhl auf seinem Haus.
Die Kreisstadt lag innerhalb des Gebietes der Arean. Zu diesem Stamm gehörte die ansässige Bevölkerung. Memik Agha war einer der Führer dieses Stammes.
Es war ein Frühlingstag. Schwül und drückend war die Hitze. Memik Agha flüchtete sich auf dem Marktplatz wie immer in den Schatten des großen Maulbeerbaumes, der hier seit Jahrhunderten stand. Der Agha ließ sich auf einem Schemel nieder und lehnte seinen Rücken an den Baum. Veli, der Besitzer des Kaffeehauses, wartete, bis Memik sich gesetzt hatte, und kam dann schnellen Schrittes heran. »Bitte schön, mein Agha!« sagte er und bestellte ihm einen Tee.
Auf dem Markt liefen die Leute zwischen dem Vorplatz des Ladens von Hasan Agha und dem Rathaus hin und her und führten lebhafte Gespräche miteinander. Manch einer hatte sich in den Schatten einer Wand gekauert, andere standen neben ihnen. Wer den Agha sah, konnte nicht umhin, ihn zu grüßen. Der Agha verharrte auf seinem bequemen Sitz und übersah die meisten Grüße einfach. Ihm wohnte ein großes Selbstvertrauen inne. Er wußte alles besser, und in jeder Angelegenheit hatte grundsätzlich er das letzte Wort.
Er trank seinen Tee in kleinen Schlucken. Da sah er Hauptmann Ali Fethi Esener aus dem Laden Hasan Aghas heraustreten und dachte: »Mit dem trinke ich hier einen Tee, damit unsere Leute uns zusammen sehen.« Er rief dem Hauptmann zu: »Hauptmann, trinken Sie einen Tee mit mir.« Das paßte auch dem Hauptmann. Schnell war er an des Aghas Seite. Memik Agha richtete sich in gespielter Achtung auf und reichte dem Hauptmann einen Schemel. Sie begannen über Gott und die Welt zu reden. Der Agha

brachte das Türkische nicht ganz richtig heraus. Die meisten Wörter sprach er falsch aus, betonte sie eigenartig, und das Sprechen fiel ihm schwer. Dabei war er einer von denen in der Kreisstadt, die noch am besten Türkisch sprachen. Als Kind schon war er nach Harput gegangen, um Fett zu verkaufen, und dort hatte er es von den Händlern gelernt. Der Agha bemühte sich auch um Freundschaft mit den Türken, die die verschiedensten Dienste in der Kreisstadt verrichteten. Besonders gut stand er sich mit dem öffentlichen Schreiber Saadettin, mit dem Geschäftsinhaber Fahrettin und dem Herbergswirt Pascha, der gleichzeitig in der städtischen Moschee als Gebetsrufer tätig war. Auch die Armeeangehörigen schätzte der Agha. Mit den Offizieren Tee zu trinken oder auf dem Markt zu wandeln, gehörte zu seinem Tagesablauf. Immer unter den Augen der Leute, die ihn mit zweifelnden Blicken beobachteten.

Die Kreisstadt lehnt sich an den Koje Ser, an allen vier Seiten von schroffen Bergen umgeben. Diese Berge vereinigen sich mit dem Gebirge im Westen Dersims. Jeder Gipfel, jeder imposante Baum ist heilig. Fast alle Gipfel und die auf sie schauenden kleineren Berge sind Wallfahrtsorte. Alle paar Kilometer trifft man auf einen mächtigen Baum, der mit gelben, roten und grünen Bändern geschmückt ist, oder man sieht auf die Berggipfel blickende, aufgetürmte Steinhaufen in diesen Farben. Kaum ein anderes Volk wohl gibt es auf der Erde, das wie die Kurden die Berge verehrt und seinem Glauben auf diese Weise Ausdruck verleiht. Die Kurden lieben ihre Berge mit den wunderbarsten Gefühlen, so wie Ferad seine Schirin liebte und Mecnun seine Leyla. Das hat nichts mit Schein zu tun, es ist die reinste, die schönste Liebe, die sie den Bergen entgegenbringen. Sie legen ihre Stirn auf die Steine der Berge und verbeugen sich in Ehrfurcht, ihre Lippen berühren die staubigen Felsen, so bringen sie ihnen die tiefsten Gefühle der Verbundenheit dar.

Von Süden sieht der Koje Ser aus, als seien hier zwei Erdrutsche übereinander gelagert. Der erste bildet die Ebene am Fuße der Kreisstadt, der zweite den Boden des Dorfes Xidan, das Memik Agha gehört. Im Süden der Kreisstadt fällt der Koje Sov mit zwei dicht beieinanderliegenden kahlen Häuptern, deren Haare ausgefallen scheinen, ins Auge. Dieser Berg ist eher niedrig. Gleich unter seinen runden, gelb-rötlichen, nackten Gipfeln beginnt die bewaldete Zone. Hier herrschen Eichen vor. Hinter dem Dorf Alçek ist der Wald sehr dicht. An den Hängen dieses Berges, die auf die Kreisstadt blicken, liegen die Dörfer des Stammes der Lolan. Es sind winzig kleine Dörfer.
Hinter diesen beiden kahlen Kuppen erhebt sich ein bleicher Gipfel. Pathetisch liegt er voller Würde da. Herausfordernd streckt er sich dem Himmelszelt entgegen. Das ist der Berg der Berge, der Wallfahrtsort aller Wallfahrtsorte, der Berg Duzgin. Seine Steine liegen in den saubersten Ecken der Stuben. Gesegnet sind sie, sie sollen den Häusern Glück bringen, Gesundheit und Freude. An der linken Seite ist sein Gipfel abgerundet und schießt hoch hinauf. Darunter steht ein mächtiger Walnußbaum, unter dem eine heilige Quelle mit eisig kaltem Wasser entspringt. Rechts ist sein Gipfel niedriger und spitzer. Er hängt ein bißchen schief.
Jedes Jahr kommen die *alewitischen* Kurden aus Dersim hierher, um ihr Gesicht an die Felsen zu drücken, das Wasser zu trinken und zu beten. Hunderte, Tausende von Menschen bleiben tagelang hier. Es sind Frauen, die keine Kinder bekommen, unheilbar Kranke, manche kommen mit Kopfschmerzen, andere mit tiefen Sorgen und wieder andere haben nur einen Wunsch. Opfertiere werden geschlachtet, Gebete gesprochen, religiöse Zusammenkünfte abgehalten. Liebe, Tränen und Glaube vermischen sich hier. »Serve Duzgin wo ke! Ich beschwöre dich, Duzgin!« flehen sie, und die Zeit bleibt stehen.
Niemand würde je den Namen dieses mächtigen Berges für eine Lüge mißbrauchen.

Links vom Duzgin ist der Kuresch zu sehen, auf dessen Gipfel die Eichen wie Soldaten aufgereiht sind. Die Legende erzählt, daß der Kuresch der Vater des Duzgin sei. Die Kureschan, kurdische Erben von *Hadschi Bektaschi Veli*, ließen sich am Fuße dieses Berges nieder.
Die Gebirgskette bildet einen Kessel. Ganz im Westen erhebt sich majestätisch der Hamik. Die Kreisstadt liegt am Hang des Koje Ser. Von ihr fällt die Landschaft bis zum *Dere* Lay steil ab. Sobald das erste Frühlingsgrün sprießt, lassen die Leute von Xidan ihr Vieh in dem Landstrich zwischen den Hängen des Koje Hamik und der Dorfgrenze von Alçek weiden. Dann ist diese schöne, waldige Landschaft grün, und viele Bäche durchfließen sie.

An jenem Tag brachen gerade die ersten Sonnenstrahlen hervor. Ein lauer Frühlingsmorgen kündigte einen warmen Tag an. Im Dorf klang der Lärm von Mensch und Tier durcheinander. »Ho, ho, ho! He, he!« erklangen die Rufe zum Antrieb der Tiere. Hier hörte man Esel schreien, dort Kühe brüllen, Hunde bellen oder Ziegen mekkern. Die Hunde jagten um die Tiere herum und traktierten mit gespielten Bissen die frechen Ziegen, die, auf die Hinterbeine gestellt, versuchten, Blätter von den Zweigen der Bäume zu knabbern.
Der schmale Weg ist beidseitig mit Zäunen eingefaßt. Dieser Pfad führt im Osten zum Dere Qiz und im Westen nach Pule Qula. Es gibt keinen anderen Weg für den Viehauftrieb. Überall sind Felder, Anhöhen oder Gärten.
An jenem Tag war Alibinat für das Vieh zuständig. Der Reihe nach war jeder, ob drei oder dreißig, ob er wollte oder nicht, verpflichtet, das Vieh zu hüten. Alibinat wartete darauf, daß das in Pule Qula versammelte Vieh gebracht würde. Das Haus von Memik Agha lag ein paar hundert Meter entfernt von den eng aneinander geschmiegten Häusern des Dorfes. Es war strahlend weiß, ein Maßstab für Reichtum. Das in Pule Qula zusammengetriebene Vieh war kaum der Rede wert gegenüber dem, das aus

den Ställen des Agha kam. Memik Agha allein besaß ein Vielfaches der Dörfler.
Alibinats Frau Elif war schon vor dem Morgengrauen aufgestanden. Die Müdigkeit stand ihr noch im Gesicht. Sie streifte ihr Kleid über. Kaum konnte sie ihre Augen offen halten. Mit einem Schälchen schöpfte sie Wasser aus dem Kupferkessel und benetzte ihr Gesicht. Dann nahm sie den Stein vom Joghurttopf, zog auch das Tuch darunter weg und füllte durch einen Trichter den Schlauch. Nun verschloß sie die Öffnung des Schlauches sorgfältig und hängte ihn in ein galgenartiges Gerüst. Sie stellte sich dahinter und begann, es kräftig hin und her zu schwenken. Es gab noch so viel zu tun. Sie mußte Brot backen, den Stall ausfegen, den Mist auf das Feld tragen und dann zu Alibinat gehen.
Wenig später erklangen auch bei den anderen Dörflern die Laute des Butterns. Das schnelle Vorstoßen und Zurückziehen des Schlauches rief unterschiedliche Töne hervor. Ein prall gefüllter Schlauch erzeugte einen satteren Ton. Die Schläuche des Agha tönten weit dumpfer als die der anderen.
Alle Frauen des Dorfes standen ein paar Stunden vor den Männern auf und begannen den Tag mit ihrer ersten Arbeit, dem Buttern. In den Laubengängen vor den Häusern stellten sie die Gerüste mit den Schläuchen nebeneinander auf, und bald mischte sich in diese Laute, die die Morgenstille vertrieben, das Geplauder der Frauen. Dabei waren in letzter Zeit die Nachrichten der Stämme aus dem Westen Dersims in den Hintergrund gerückt. Das Hauptgesprächsthema war die Tochter des Agha.
»Es heißt, der Mann gehört zu den Kureschan.« »Das muß Memik Agha doch gehört haben.« »Aber der Junge soll sehr hübsch sein.« Hinter diesen Worten steckte ein gewisser Neid. So begann das Gespräch und wurde immer lebhafter.
Nun war die Sonne aufgegangen. Das Vieh lagerte unter den Eichen am Flußufer. Auch Alibinat und seine Frau

hatten sich in den Schatten gesetzt. Sie aßen den Käse und dünne Fladenbrote, die Elif aus ihrer Tasche hervorgeholt hatte. Elif erzählte, worüber die Frauen gesprochen hatten.
»Memik Agha wird sicher eine Dummheit anstellen«, sagte Alibinat. »Der Mann hat doch mehrere Söhne. Du wirst sehen, schon bald bringen sie den Ivrahim von den Kureschan um. Er ist ja der Agha, er hat viele Freunde. Er versteht sich glänzend mit den Türken in der Stadt. Die Offiziere hat er in der Hand. Er läßt Butter, Honig und Joghurt auf den Markt tragen.« »Hoffentlich gibt es keinen Streit der beiden Stämme. Dann sind doch wieder die armen Leute dran«, sagte Elif.
Alibinat sah die betrübten Augen seiner Frau, als sie so sprach. Ihr Kopftuch war nach hinten gerutscht und ließ ihre üppigen schwarzen Haare sehen. »Recht hast du«, sagte er. »Es gibt sowieso keine Einigkeit in unserem Volk.« Unvermittelt zog er seine Frau an sich und umarmte sie.

Ferad, der älteste Sohn des Agha, war ein stattlicher Mann. Er hatte sehr jung geheiratet. Schnell nacheinander waren sechs Kinder gekommen. Alle sechs waren Jungen. Wie alle verheirateten und unverheirateten Brüder lebte auch er in dem großen Haus des Agha. Mit den Leuten von Xidan ging er nicht wie sein Vater um, er redete mit ihnen, hörte sich ihre Sorgen an. Ab und zu kam er nach Xidan hinunter und sprach mit den Dörflern über die Stämme des westlichen Dersim. Dann versammelte er die Kinder von Fere Sur, die Enkel von Gulse und die Söhne und Enkel von Sime Hidir um sich, damit gegen den Agha keine Feindschaft aufkam. Ferad brachte ihnen den Agha nahe.
Ferad hatte die Geschichte seiner Schwester Fate gehört, und er beschloß, vor seinen Vater zu treten, um zu erfahren, was der zu tun gedachte.
Der Agha lehnte an der Wand, seine Augen auf den Berg Hamik gerichtet. Er war in Gedanken versunken. Schmau-

chend rauchte er seine Zigarette und saß da, als bemerke er seinen Sohn gar nicht.
»Vater, ich möchte mit dir über Fate sprechen.« »Worüber willst du sprechen? Gibt es da irgend etwas zu besprechen?« »Was wirst du tun? Deshalb bin ich gekommen.« Memik Agha tat einen tiefen Zug. Nachdenklich zwirbelte er seinen Schnauzbart. Plötzlich sprang er wutentbrannt auf. »Sollen wir die vielleicht noch loben, die es auf unsere Ehre abgesehen hat? Sprich mit deinem Bruder Mursa darüber.« »Vater, überlaß mir die Sache. Mursa ist noch sehr jung, er könnte einen Fehler machen.« »Nein, nein, Mursa wird das erledigen. Und zwar unverzüglich. Sprich mit ihm, sofort«, sagte er und drehte sich um. Ferad blieb nichts mehr zu besprechen.
Mursa war der achte Sohn des Agha. Er war der jüngste und noch nicht verheiratet. Memik Agha war klein von Wuchs, und Mursa war ihm längst über den Kopf gewachsen. Hoch aufgeschossen blickte er von oben auf den Agha herunter. Mitleid kannte er nicht, grausam war er. Er belästigte die Frauen von Xidan, die zum Brunnen kamen, und war ein Schürzenjäger. Als Ferad ihn zu sich rief und ihm das Machtwort des Agha weitergab, strahlten seine Augen. Er freute sich, daß ihm diese Sache aufgetragen wurde. »Bruder, es ist schon fast zu spät dafür«, sagte er. In jener Nacht schlief Mursa nicht. Er dachte nach und schmiedete Pläne. Die Hälfte der Nacht war verstrichen. »Ich muß mich rechtzeitig auf den Weg machen«, sagte er sich, steckte seine Pistole und seinen Dolch ein und verließ das Haus. Fahles Licht erhellte die Gegend. Ab und zu zogen weiße Wolken vor dem Mond vorbei. Es hätte pechschwarze Nacht sein können, Mursa hätte immer seinen Weg gefunden, denn er kannte die Wege, jeden Stein, jede Spalte, jede Schlucht. Mit geschlossenen Augen hätte er sein Ziel erreicht.
Mit schnellen Schritten, so daß ihm niemand hätte folgen können, schritt er den Koje Ser hinauf. Schon kurz darauf kam er an der Kreisstadt, dann am Dorf Azgilar an

den Hängen von Koje Ser und Koje Hamik vorbei, ohne müde zu werden. Der Morgen graute noch nicht, als er die Siedlung erreichte. Ohne gesehen zu werden, ging er zu Saverdi, einem Verwandten.
Er gelangte zur Tür. Ein paar Hunde hatten ihn umringt, als Saverdi öffnete: »Willkommen, Bruder Mursa!« »Mach keinen Lärm, laß uns hineingehen.«
Saverdi war etwas älter als Mursa. Seine Mutter war Armenierin, und Gott hatte ihn mit Schönheit geradezu überschüttet. Mit seinen grünen Augen, seiner hellen, glatten Haut, seiner geradegewachsenen Nase und seinem schwarzen, vollen Schnauzbart war er der bestaussehendste Mann in der Umgebung.
Bis zum Morgengrauen besprachen die beiden Freunde, was zu tun war. Jemand sollte zu Fates Mann Çavdar geschickt werden und ihm sagen, sein Schwiegervater ließe ihn auf ein paar Tage rufen. Ivrahim von den Kureschan würde auf jeden Fall mitbekommen, daß Çavdar wegginge, und er würde sicher die Gelegenheit nutzen um sich mit Fate zu treffen, ja, höchstwahrscheinlich zu ihr ins Haus gehen. Wenn er dann käme, würde man es ihn bereuen lassen. Sie beschlossen, zunächst den ersten Teil ihres Vorhabens in die Tat umzusetzen.

Vom Dorf aus betrachtet, lag das Haus von Ivrahims Familie an einem Hang des Hamik. Es war ein alleinstehendes Haus. Nur diese eine Familie des Kureschan-Stammes gab es hier. Die anderen Dorfbewohner gehörten zum Stamm der Arean. Sie waren alle miteinander verwandt. Vor Jahren hatten die Dörfler Dursun *Dede*, dem sie in liebevoller Verehrung anhingen, ein Grundstück in ihrer Nähe gegeben und ein Haus erbaut. Solange der *Pir* im Dorf war, war das Dorf gesegnet, es gab keinen Streit. Der Pir vermittelte bei ihren Streitigkeiten und löste ihre Probleme. Vater Dursun hatte auch seinen Bruder zu sich geholt und lebte mit der ganzen Familie für sich. Er hatte die Achtung und Verehrung aller gewonnen.

Ivrahim war der jüngste Sohn des Dede. Er war ein schmaler mittelgroßer junger Mann. Sein dunkles, langes Gesicht strahlte Freundlichkeit aus und weckte Vertrauen. Seine großen schwarzen Augen schienen immer ein wenig traurig. Jedes Jahr ging er mit seinem Vater zur religiösen Unterweisung der Menschen in die umliegenden Dörfer und blieb manchmal monatelang fort. Er unterschied sich in allem von den übrigen Jugendlichen des Dorfes. Er war immer rasiert, seine dunkelblaue Pluderhose und das als Schärpe darum geschlungene Tuch waren stets sauber. Da er herumgekommen war, wußte er sehr viel. Er war gutherzig und hilfsbereit. Sobald er jemanden eine Last tragen sah, lief er herbei und half. Es gab niemanden im Dorf, der ihn nicht gemocht hätte. Er war der Engel, die Rose und Blüte des Dorfes.
Ivrahim und Fate hatten sich kennengelernt, als sie eines Tages mit zwei kupfernen Eimern zum Brunnen gekommen war. Sie hatte sie gefüllt und an den Holzbügel auf ihrer Schulter gehakt. Als sie versuchte, die Last anzuheben, war sie gestrauchelt und wäre fast gefallen. Ivrahim hatte das beobachtet, war hinzugesprungen und hatte die Wassereimer für sie nach Hause getragen. Als sie sich trennten, bedankte sich Fate bei ihm und betrachtete aufmerksam sein reines Gesicht.
Dieses Treffen hatte einen Funken in Fate entzündet. Nun bemühte sie sich, Ivrahim bei jeder Gelegenheit zu sehen. Zunächst maß sie dem geringe Bedeutung bei. Dennoch stieg leise eine Ahnung in ihr auf, und jedesmal, wenn sie ihn sah, wuchs ihr Interesse. Der Weg zum Hause Vater Dursuns war zu ihrem Weg geworden. Sie fühlte sich unbeschreiblich glücklich, wenn sie Ivrahim sah. Ihre großen dunklen Augen erhellten sich und strahlten. Wie sehr sie sich auch bemühte, nicht die Aufmerksamkeit ihrer Umgebung zu wecken, so regte sich doch in ihrem Inneren etwas, das sie nicht in der Hand hatte, und sie konnte nicht verhindern, daß es sich auf ihrem Gesicht widerspiegelte.

Wenn Ivrahim nicht im Dorf war, kam ihr die Woche unerträglich lang und schwer vor. Nervös blieb sie in sich verschlossen. Wenn sie ihn aber sah oder ein, zwei nebensächliche Worte mit ihm wechselte, durchströmte ihren Körper ein wohliges Behagen.
Ihr Mann Çavdar hatte weder den Verstand noch das Feingefühl, diese Veränderungen an seiner Frau zu bemerken. Er war stark und kräftig, so stark, daß er mit einem Arm einen Erwachsenen vom Boden heben konnte. Sein behaartes Gesicht sah immer finster aus. Seine Augenlider lagen gefaltet. Wenn er etwas anschauen wollte, kräuselte er die Stirn und öffnete die schweren Augenlider einen Spalt breit.
Fate hatte ihn bis zur Hochzeit nicht gesehen. Der Agha hatte diese Heirat mit Çavdars Vater ausgehandelt.
Fate hatte keinen Mangel zu leiden. Wenn sie aber daran dachte, neben diesem rohen, rauhen Mann alt zu werden, verkrampfte sich ihr Herz schmerzerfüllt, und sie verwünschte ihren Vater. »Mußte er denn gerade diesen aussuchen?« fragte sie sich oft.

Auch an jenem Tag war Fate zur Familie Vater Dursuns gegangen. Sie saß bei der Großmutter und den Schwiegertöchtern. Bei ihnen hatte sie erfahren, daß Ivrahim in den Gemüsegärten war, die unterhalb des Brunnens lagen. So blieb sie nicht lange, stand auf, sagte, sie hätte etwas zu tun, und tat, als ginge sie nach Hause. Aber bald änderte sie ihre Richtung und ging zu den Gärten hinunter. Ivrahim war dabei, den Boden umzugraben und Unkraut zu jäten.
»Möge es dir leicht von der Hand gehen, Ivrahim«, sagte sie. Er richtete sich auf und kam auf sie zu. Einer hinter und einer vor dem Zaun, so standen sie und schauten sich an. Eine ganze Weile standen sie schweigend da. Fates Atem verschnürte ihr die Kehle. Auf ihrem Hals zeichneten sich rote Flecken ab, die Nasenflügel zitterten. Mit unwiderstehlichem Verlangen schaute sie Ivrahim an.

Ivrahim trat noch einen Schritt näher, nahm Fates Hand vom Zaun, und ließ seine schlanken Finger über ihr Gesicht wandern. Wie lange hatte sie auf diesen Moment gewartet. Sie war wie berauscht, fast wäre sie umgesunken. Kein Mensch war zu sehen. »In dieser Mittagshitze halten die Dörfler irgendwo ein Schläfchen«, dachte Ivrahim. Sie gingen auf das Maisfeld unterhalb der Gärten zu. Vorsichtig bog Ivrahim die Maisstauden auseinander, und Fate folgte ihm. Der Mais stand in voller Frucht. Die langen, die Kolben umhüllenden Blätter raschelten. Sonst war kein Ton, kein Atemzug zu hören, die ganze Welt hatte sich zum Mittagsschlaf gelegt. Die beiden Liebenden bereiteten sich ein Plätzchen, vor allen Blicken geschützt, wo niemand sie stören konnte. Memik Aghas Tochter wußte nicht mehr, was sie tat. Sie überließ sich dem Lauf der Dinge. »Dieser Augenblick ist so wertvoll wie der Tod!« dachte sie. Jetzt war dieses geliebte Wesen, das zu sehen sie so viel Mühen auf sich genommen hatte, bei ihr. Endlich war sie mit ihm zusammen. Jetzt gehörte sie ihm. Sie sank Ivrahim in die Arme. Leicht wie eine Feder wurde sie. Die beiden Liebenden waren zu einem Leib, zu einem Herz verschmolzen. Fate erreichte den Gipfel der Liebe, den sie noch nie zuvor erlebt hatte.
Ihre Stimmen klangen gedämpft. Die Liebenden waren in Schweiß gebadet, und aus der Höhe brannte die Sonne mit ihrer ganzen Glut.
Wochen, Monate waren seitdem vergangen. Nach wie vor trafen Ivrahim und Fate sich heimlich. Oft waren sie sehr unvorsichtig und ließen sich ihre gegenseitige Zuneigung anmerken. Längst hatte das Gerede begonnen und gelangte in Windeseile auch nach Xidan.

Jener Tag hatte mit dem ungebrochenen Fleiß der Sonne schon die Hälfte hinter sich gebracht. Der Koje Hamik warf immer längere Schatten.
Fate konnte sich vor Glück nicht fassen. Eine Nacht ohne Çavdar. Sie war glücklich, weil es möglicherweise eine

Nacht mit Ivrahim werden würde. Sie beschloß, zum Brunnen zu gehen, und zog ihre schönsten Kleider an. Nachdem sie die Eimer am Brunnen abgestellt hatte, ging sie zu den Gemüsegärten. Dort war Ivrahim. »Ivrahim, ich bin heute allein zu Haus.« »Ist es nicht zu gefährlich, wenn ich komme?« »Wenn dich niemand sieht, warum sollte es dann gefährlich sein?« Ivrahim nickte zustimmend.
Die Dörfler legten sich schlafen, sobald es dunkel wurde, um die Anstrengung des schweren, heißen Tages abzustreifen und für den kommenden Tag erholt zu sein.
Die Frauen, die sich tagsüber im Schatten eines Hauses oder eines Baumes anlehnten, um ein wenig auszuruhen, ließen ihre Köpfe der Reihe nach auf die Brust fallen. Doch ihre Gespräche schliefen dabei nicht ein. Sie unterhielten sich über die Ereignisse des Tages. Sie erzählten sich gegenseitig ihre Träume. Das frühe Aufstehen lag ihnen bleiern auf den Lidern, und so dösten sie ein wenig vor sich hin.
Ivrahim lag im Bett und dachte nach. Er war besorgt. Wenn Memik Agha es erfahren haben sollte, würde er kein Auge zudrücken, das wußte er so gut wie seinen eigenen Namen. Daß seiner Familie etwas angetan werden könnte, fürchtete er mehr, als daß ihm selbst etwas zustieße.
Dann aber dachte er an Fates Warmherzigkeit und seine starke Liebe zu ihr. Es war wie ein Meer, das ihn lockte und, je enger es ihn an sich fesselte, in seine Tiefen hinabzog. Es sah nach einer hoffnungslosen Liebe aus, wie er sie aus den Legenden kannte, eine unerfüllbare, schmerzende und verbotene Liebe. Ivrahim stand auf. Er zog die Pluderhose an, band sich die Schärpe um und ging hinaus. Ein leichter Wind trug den Geruch von Mist herüber. Er blieb stehen und lauschte, Himmel und Erde schliefen. Das schwache Rauschen der Pappelblätter, die sanft vom Wind gewiegt wurden, machte die Nacht geheimnisvoll.
Behutsam ging er los, er wußte von jedem einzelnen seiner Schritte, wohin er führen würde. »Und wenn mich

jemand sieht?« dachte er. Würden die Dörfler seine Antwort »Ich konnte nicht schlafen, da bin ich hinausgegangen, um ein bißchen spazierenzugehen« glauben? Schon wollte er umkehren und blieb von Zweifeln gepackt stehen. Vielleicht löste er eine Katastrophe aus. Gern hätte er Fate die Lage erklärt, sie um Verständnis gebeten, Çavdars Abwesenheit konnte eine Falle sein.
»Nein, nein, ich darf nicht hingehen.« Er zögerte. Dann dachte er daran, daß Fate auf ihn wartete und es nicht richtig sei, einen Menschen warten zu lassen, der so sehr liebte. Er faßte Mut und ging weiter. Als er an ihre Tür kam, schlug ihm das Herz, als wolle es aus seiner Brust springen. Fate hatte ihn hinter der Tür erwartet. Kaum hörte sie seine Schritte, öffnete sie ihm.
Auch Fate war aufgeregt. Sie hatte ihre langen schwarzen Zöpfe gelöst. Umrahmt von ihrem üppigen Haar, das ihr auf die Schultern fiel, sah ihr kleines Gesicht im Schein der Lampe noch hübscher aus als sonst.
Sie durchlebten Stunden voller Glück und verbotener Liebe. Die Zeit verrann wie Wasser, und als Ivrahim sagte, er müsse nun gehen, war es Fate, als erwache sie aus einem schönen Traum. Sie hatte geträumt, er würde ewig an ihrer Seite sein und diese Liebe könnte fortdauern, ohne je zu vergehen. Als sie ihn mit feuchten Augen verabschiedete, küßte sie ihn wieder und wieder.
Der Mond war aufgegangen und tauchte die Welt in fahles Licht. In tiefem Trennungsschmerz ging Fate zurück ins Haus. Wie betrunken war sie. Sie glaubte Ivrahim noch bei sich, in sich, in ihren Armen, da brach draußen Getöse los. Rauhe Stimmen drangen zu ihr. Erschrocken fuhr sie auf, groß weiteten sich ihre Augen. Die Angst ergriff ihren Körper. Sie zitterte, als schüttelten Fieberkrämpfe sie. »Ivrahim! Ist Ivrahim etwas geschehen?«
Schnell verließ sie das Haus. Als sie um die Ecke bog, sah sie, daß zwei Gestalten Ivrahim an den Armen mit sich schleiften. Sie erkannte ihren Bruder Mursa und lief zu ihnen. Als Mursa sah, daß sie herankam, fuhr er sie an:

»Lauf nach Hause, bevor ich dich umbringe!« und schlug ihr mit seiner kräftigen Hand ins Gesicht. Fate fiel zu Boden und schluchzte laut. Nachdem die Männer verschwunden waren, tastete sie sich an der Mauer entlang zurück ins Haus. Ihre Tränen flossen in Strömen. »Sie werden ihn töten, sie werden meinen geliebten Ivrahim töten. Grausamer Mursa!«
Sie war halb wahnsinnig. Sie raufte sich die Haare und zerkratzte sich das Gesicht, bis es blutüberströmt war. Kraftlos schlug sie die Fäuste gegen ihren Kopf. Ivrahims helles Gesicht stand ihr vor Augen und ließ sich nicht auslöschen. Vor Schmerz schwanden Fate die Sinne.

Mursa raste. Außer sich vor Wut schlug er blindlings, unerbittlich und erbarmungslos auf Ivrahim ein, auf seinen Kopf, seine Brust, seinen Bauch, sein Geschlecht. Bei jedem Schlag krümmte Ivrahim sich am Boden. Er rang mit dem Tod.
Sie hatten ihn bis Pule Kewl geschleppt. Nur hier gibt es einen Durchgang zwischen Koje Ser und Koje Hamik, der einzige Weg, der die Dörfler aus dem Norden mit dem Süden verbindet. Im Winter ist dieser Paß monatelang versperrt. Von dort aus sehen die von Norden kommenden Dörfler den erhabenen Duzgin. Hier ruhen sie aus, erschöpft von dem langen Aufstieg. Sie sprechen Gebete und legen einen weiteren Stein auf den Steinhaufen, der dem Duzgin gegenüber aufgeschichtet wurde.
Neben diesem wurde Ivrahim zu Boden geworfen. Er blutete, und hätte er nicht ab und zu mühsam nach Luft gerungen, man hätte ihn für tot gehalten. Mursa schlug in der Absicht, ihn zu töten. Saverdi aber wollte dies verhindern. Wie konnte er Vater Dursun ins Gesicht schauen, wenn Ivrahim etwas zustoßen sollte? Er fühlte sich unbehaglich, und ununterbrochen überlegte er, wie er diesem menschlichen Ungeheuer Einhalt gebieten könnte.
»Mursa, laß ihn doch jetzt, sonst stirbt er noch.« Mursa hörte es nicht einmal. Mit seinem Dolch schnitzte er aus

einem Ast, den er von einer Eiche abgebrochen hatte, einen spitzen Pflock. Saverdi beobachtete ihn aus den Augenwinkeln. Er hatte begriffen, was Mursa vorhatte und stellte sich dazwischen.

»Laß das, Bruder, ich flehe dich an, laß es sein. Du hast ihn genug bestraft, er ist schon halb tot. Die Lektion wird ihm reichen, der wird nie wieder an so etwas denken«, sagte er und faßte nach Mursas Armen. Der aber sprang unvermittelt zurück und zog seinen Krummdolch. »Geh mir aus dem Weg«, rief er und richtete den Dolch auf Saverdis Augen. Dennoch versuchte dieser weiter, ihn von seiner schrecklichen Idee abzubringen.

»Hör mir zu, Bruder, du, mein Augapfel. Ich bin älter als du. Schau, ich habe dir bis hierher geholfen. Alles weitere wird weder für dich noch für mich von Vorteil sein. Komm, laß es sein. Du hast doch einen gesunden Menschenverstand. Bitte, um meinetwillen.« Mursa stieß ihn beiseite: »Ich sag dir zum letzten Mal, geh mir aus dem Weg! Oder du wirst genauso enden wie der hier ...«

Saverdi sah, daß Mursa fest entschlossen war. »Der ist wahnsinnig!« murmelte er und zog sich zurück.

»Niemand kann mich davon abhalten zu tun, was ich vorhabe. Hier kommen die Dörfler aus Kismor, Civrak, Mergasor, Hakis, Descht und Deriye vorbei. Sie sollen sehen, wie Memik Agha Rache üben kann. Sehen sollen sie und begreifen, wie Memik Agha denjenigen bestraft, der seine Ehre verletzt.« Er war rasend vor Haß, seine Stimme war gebrochen. Mit dem Pflock in der Hand näherte er sich dem halbtoten Ivrahim. Der bäumte sich ein letztes Mal auf. Dann fiel er leblos auf den Boden zurück. Blut rann ihm aus dem Mund. Seine dunklen Augen waren weit aufgerissen.

Bertal, der junge Sohn des Führers des Xormek-Stammes, machte sich an jenem Tag auf den Weg in die Kreisstadt. Er hatte vier bewaffnete Leibwächter bei sich, als sie im Galopp die Ebene Deriye durchquerten. Der junge

Agha sprühte vor Energie. Oft unternahm er Reisen. In letzter Zeit war er kaum zu Hause zu sehen. Sein Stamm war sehr groß und lebte verstreut.
Die Ereignisse von Varto und Umgebung waren noch ganz frisch. In der *Aufstandsbewegung von Scheich Said* hatten die Aghas der Xormek ihren Stamm gegen die Kurden aufgebracht. In vorderster Front, noch vor den militärischen Einheiten, hatten sie dafür gesorgt, daß die Einheiten der Freiheitskämpfer, die Kurden waren wie sie selbst, von zwei Seiten unter Feuer genommen worden waren. Nachdem die Scheich-Said-Bewegung niedergeschlagen und Zehntausende Kurden getötet worden waren, wurden die Aghas der Xormek von staatlicher Seite belohnt. Die Aghas der Xormek propagierten unter den Mitgliedern ihres Stammes, sie seien Türken. Zum Beweis führten sie unglaubliche Lügen an. »Wir sind keine Kurden, sondern alewitische Türken«, sagten sie und gedachten, damit noch weitere Belohnungen zu bekommen.
Bertal trieb sein Pferd an, das schon Schaum vor dem Maul hatte, und kam dabei ins Nachdenken. Scheich Said war vernichtet worden, weil er Kurde war. Jetzt wurden die Alewiten niedergemacht. Da steckte irgendeine Verschlagenheit dahinter. Aber was ging das ihn an? Er war doch ein Agha. So war es bis heute, so würde es bleiben.
Er hatte den Kewlpaß erreicht. Die Sonne stand schon hoch. Sie stiegen ab, um die Pferde ein wenig verschnaufen zu lassen. Die Männer des Agha beteten still für sich und legten je einen Stein auf den Steinhaufen. Bertal hatte sich auf einen Fels gesetzt und drehte eine Zigarette.
Auf den Aufschrei von einem der Männer fragte er: »Was ist los, was ist passiert?« und erhielt zur Antwort: »Agha, sie haben hier jemanden umgebracht.«
Er warf seine Zigarette fort und war mit ein paar Schritten bei dem Mann. Eine blutüberströmte Leiche lag dort. In den Blutlachen ringsum landeten Fliegen und stiegen wieder auf. Die Augen des Toten starrten ihn an, seine Ruhe war dahin. »Kennt den jemand?« fragte er, und als

niemand antwortete, befahl er: »Gebt unten im Dorf Bescheid.«
Bald darauf erschien ein alter Mann. Kaum hatte er Ivrahim entdeckt, rief er: »Oh, mein Gott! Das ist der Sohn unseres Pirs, der Sohn von Vater Dursun unten in der Siedlung!«
Die schwarze Nachricht hallte wider in den Bergen Kurdistans. Sie kam den Hirten zu Ohren. Die trugen sie zu Dursun von den Kureschan. Im Haus des Dede wollte es niemand glauben, aber Ivrahim war auch nirgends zu sehen. Die Menschen waren beunruhigt, die bleichen Gesichter spiegelten Ungewißheit. Dursuns Füße konnten nicht stillstehen. Seine Beine zitterten, der Boden wankte unter ihm, sein Gesicht war wie versteinert. Konnte sein geliebter Ivrahim getötet worden sein? Sein schöner Ivrahim, sein guter Ivrahim.
Die Frauen fürchteten mehr als die anderen, es könnte wahr sein. Sie kauten auf ihren Kleidersäumen, die Mutter betete für ein Wunder.
Dann brachten die Dörfler die Leiche Ivrahims. Sie war schrecklich anzusehen. Dursun schaute seinen Sohn regungslos an. Die Frauen schrien und rauften sich die Haare. Die Schwiegertöchter und jungen Mädchen weinten und stimmten die Totenklage an.
Dursun stand lange regungslos. Dann kam Bewegung in ihn, und er beugte sich über seinen Sohn, als wolle er ihm etwas sagen. Aber kein einziges Wort kam über seine Lippen. Er konnte seinen Blick nicht von den aufgerissenen Augen wenden. Die Dörfler beobachteten ihn, was würde er tun?
Für sein Alter ungewohnt behende schritt Dursun ins Dorf. Seine Pluderhose blähte der Wind, und alle Blicke folgten ihm, bis er verschwand.

Als die Sonne mit der Wärme der letzten Frühlingstage aufging, erwachte Fate aus ihrem tiefen Schmerz. Ihr war, als stürze sie in einen Abgrund. Was sollte sie tun? Einen

Moment dachte sie daran, sich einen Strick zu nehmen und ihrem Leben ein Ende zu setzen. Ein Leben ohne Ivrahim war sinnlos. Ivrahim, das Wesen, das sie am stärksten liebte, war noch vor wenigen Stunden bei ihr gewesen, und nun lebte er nicht mehr. Im gleichen Grab wollte sie mit ihm in alle Ewigkeit zusammen sein. Seine Wärme, seinen Duft hatte sie mit ihrem ganzen Körper in sich aufgenommen. Sein zärtliches Lächeln, seine Gesichtszüge kamen ihr in den Sinn, und sie murmelte vor sich hin, als spräche sie mit ihm.
Durch die offene Haustür hatte sie verfolgt, was geschehen war. Der Wind fachte die Stimmen der Frauen mit der Totenklage auf den Lippen an, und trug sie manchmal ganz nah zu ihr heran.
»Mein Gott, was ist mir geschehen? Koje Duzgin, läßt du Mursa ungestraft davonkommen? Oh, mein grausamer Vater, meine furchtbaren Brüder! Ich wünsche euch, daß ihr einen noch größeren Schmerz erdulden müßt!« Dann schlug sie den Kopf wieder und wieder auf den Boden.

Dursun kam vom Kewlpaß hinuntergestürzt, und wer ihn sah, dachte: »Der Mann ist wahnsinnig geworden.« Er bemerkte niemandes Gruß. Seine Bekannten kamen auf ihn zu, als er durch die Kreisstadt, durch Merga Qem, ging, wollten ihn nach seinem Befinden fragen. Er jedoch hörte nichts, sah nichts. Fast laufend eilte er auf den Duzgin zu. Nach dem Abstieg zum Fluß Kalmam kletterte er den langen Hang des Duzgin hinauf. Außer Atem erreichte er die Höhle unter dem Gipfel und ließ sich auf dem sandigen Felsen nieder. Dursun weinte. Er wollte sich an denen rächen, die seinem Sohn das angetan hatten. Er saß am Duzgin und rief und schrie, mal flehentlich, mal wutentbrannt. Bis zum Abend weinte und klagte Dursun. Er brachte seinen Schmerz dem Duzgin dar. Nur langsam beruhigte er sich. Dann ging er zu den Dörflern der Kureschan im Tal des Kalmam. Am nächsten Tag besuchte er Dorf um Dorf am Flußlauf. Als er zum Derwischkloster gelangte, hatte bereits der ganze Stamm von Ivrahims Tod gehört. Überall wurde darüber gesprochen.

Memik Agha wurde von Ferad informiert. Sofort verlangte er nach Mursa. Der Agha saß vor dem Haus unter dem mächtigen Maulbeerbaum und schaute auf den Fluß. Auf den Boden war ein bunter Kilim gebreitet, den seine Schwiegertöchter geknüpft hatten, darauf lag ein dickes Sitzkissen. An den starken Baumstamm war ein weiteres Kissen gelehnt. Eine Hand des Agha lag an seinem Schnauzbart und drehte ihn ohne Unterlaß. Die Bartspitzen reichten fast bis an die Ohren heran, einer Garbe gleich füllte der Bart seine Handfläche. Die Augen zusammengekniffen saß er da und dachte nach.
Der Agha freute sich, als er Mursa sah und blickte mit Stolz auf seinen Sohn. »Setz dich«, sagte er. Mursa ließ sich dem Vater gegenüber im Schneidersitz auf dem Kilim nieder, als huldige er einem Heiligen.
In Gegenwart des Agha waren seine Kinder befangen. Sein Wort galt ihnen als göttlicher Befehl. Nicht einmal ein gefallenes Kind hätte jemand in seiner Anwesenheit auf die Füße gestellt. Unter seinen Augen ein Kind auf den Arm zu nehmen, es zu herzen, war fast eine Beleidigung. Es war unmöglich, zu rauchen oder sich zu einer Mahlzeit niederzulassen, bevor er nicht die Erlaubnis dazu gegeben hatte. Die Beziehung des Agha zu seinen Kindern glich der Beziehung zwischen einem Herrn und seinen Untergebenen.
Er wandte die Augen von seinem stattlichen Sohn. »Mach dir keine trüben Gedanken. Du kommst vielleicht ins Gefängnis, aber ich hole dich in kürzester Zeit wieder heraus. Für die Türken ist der Vorfall ohne Bedeutung. Für sie könntest du gleich dutzendweise töten, sie tun ja nichts anderes. Sie werden dich nur zum Schein verhaften. Eine Zeitlang wirst du im Gefängnis von Elaziz sitzen. Wir haben viele Freunde. Saadettin Efendi und Fahrettin Efendi haben dort Verwandte. Die und noch andere werden sich deiner annehmen.«

Mursa hörte die Worte seines Vaters mit gesenktem Kopf, ohne ihn anzusehen. Er vertraute seinem Vater völlig. Nach einer kurzen Pause sagte dieser: »Nun steh auf, mein Sohn, sieh zu, daß du dich fertig machst.« »Selbstverständlich, Vater«, sagte Mursa und entfernte sich mit Respektsbezeugungen.
Der Gebetsrufer Pascha rief zum Nachmittagsgebet, bis ihm die Stimme zu versagen schien. Der Wind trug den Ruf bis nach Xidan hinüber. Niemand in Xidan hatte je die Moschee von innen gesehen, noch gewußt, was da wohl vonstatten ginge. Niemand verstand, warum der arme Pascha sich tagtäglich mit seinem Ruf so abmühte, da doch niemand darauf hörte. Wer ihn auf der Straße traf, machte sich über ihn lustig. Außer einigen Beamten kümmerte sich niemand darum, daß er fünfmal am Tag so inbrünstig rief.
Fahrettin und Saadettin, die Busenfreunde des Agha, gehörten zu den wenigen, die regelmäßig in die Moschee gingen. Wenn sie ihre rituellen Waschungen am Brunnen vor der Moschee vornahmen, bemühten sie sich um die Aufmerksamkeit ihrer Umgebung. Sie sprachen zwar leise ihre Gebete, mißbilligten aber andererseits laut die Leute am Brunnen.
Die beiden waren der korrupte verlängerte Arm des Staates. Sie spielten die Vermittlerrolle zwischen Dorfbewohnern und Staat. Bestechungsgelder wurden ganz offen genommen, und gleichzeitig waren sie die Antenne für den Staat. Über Freunde wie den Agha sammelten sie Informationen, und sie waren es auch, die der Bevölkerung mit großer Wichtigtuerei das vom Staat verbreitete Propagandamaterial zuleiteten.
Pascha war der bedauernswertere. Er rief zum Gebet, führte die rituellen Gebetsteile aus und lief danach unverzüglich in die Herberge zurück, die er betrieb. Man sagte, seine Frau hätte ihn verlassen, aber Näheres wußte niemand. Pascha war immer sorgenvoll. Sein Gesicht war verzerrt, als leide er an einer inneren Krankheit. Seine

Stirn lag in Falten, und seine Augen trugen die Spuren tiefer Traurigkeit. Er schien immer auf der Flucht vor den Menschen zu sein. Den größten Teil des Tages brachte er in der Herberge zu. Dort fütterte und pflegte er die Tiere. Pascha liebte die Tiere und streichelte sie, womit er zum Gespött der Leute wurde, denn dies widersprach der rauhen Art, mit der die Kurden Tiere behandelten. Wenn er schnellen Schrittes zur Herberge eilte, sagten die Leute lachend: »Sieh dir den an, der geht, seine Sehnsucht zu stillen.«
Die Männer von Xidan warteten voller Ungeduld: Wann würden die Soldaten kommen, um Mursa zu holen? Wie wollte der Agha diesen Vorfall vertuschen? Würde er sich auch diesmal wieder herauswinden können?
Gerade als der Gebetsruf erklang, sahen sie zwei Soldaten den Weg von Silo Muschs Haus herunterkommen. Ihr Gang ließ erkennen, daß sie den Weg nicht kannten, der uneben, felsig und steil abfiel. Wer weiß, aus welcher Ebene des Westens die Soldaten kamen. Diese Gegend mußte ihnen wie das Ende der Welt erscheinen. Die Kurden jedoch stiegen diesen Weg in Sprüngen herab. Tänzelnd fast sprangen sie von Stein zu Stein. Im Ansprung spannte der Körper sich wie ein Bogen, im Sprung selbst öffnete er sich weit. So entspricht der Satz: »Wo die Berge enden, endet auch die Heimat der Kurden« der Wirklichkeit.
Die Leute von Xidan beobachteten den Weg und unterhielten sich aufgeregt über den Vorfall. Da sahen sie, wie ein Knäuel von Menschen sich den Berg hinaufbewegte. Mursa ragte, von seinen Brüdern umringt, wie eine Säule aus ihrer Mitte heraus.
Die Dörfler beobachteten jeden ihrer Schritte bis zur Krümmung des Kalesan. Sie waren überzeugt, daß Mursa nicht bestraft werden würde. Der Agha arbeitete doch Hand in Hand mit dem Staat. »Ein Hund beißt dem anderen nicht in den Schwanz«, sagten sie.
Memik Agha hatte sich in der Kaserne Hauptmann Ali Fethi Esener gegenüber auf einem hölzernen Stuhl nie-

dergelassen. Wie auf Kohlen saß er da. Vieles ging ihm durch den Kopf. Aber er wollte sich den Anschein geben, als befriedige ihn die ihm gewährte Aufmerksamkeit. Ein falsches Lächeln hatte sich auf seinem Gesicht breitgemacht, im Innersten fühlte er jedoch ganz anders. Sie waren einander wie Zwillinge, geschnitzt aus dem Holz ein und desselben Baumes. Jeder überlegte sich, wie er den anderen am besten benutzen könnte. Der Hauptmann erledigte nebenbei einige geschäftliche Angelegenheiten. Gleichzeitig richtete er das Wort an den Agha. Während sie über die Hitze sprachen, über die Felder und Wälder, über Obst und Gemüse und die Speisen, die der eine oder der andere gern aß, servierte die Ordonnanz den Tee.
Der Hauptmann wandte sich von seiner Arbeit ab und schaute dem Agha gerade in die Augen. »Agha, du wirst gehört haben, was im westlichen Dersim geschehen ist.«
»Ich weiß nicht mehr als das, was man sich auf dem Markt erzählt.«
Nach kurzem Schweigen ergriff der Agha wieder das Wort: »Unser Stamm steht auf seiten des Staates. Der große Agha und ich ebenso, wir wünschen dem Staat keinen Schaden. Ihr kennt unsere Bemühungen. Bei Gott, wir machen wirklich große Anstrengungen. Es ist nicht leicht, das Volk zu überzeugen. Bisher waren alle ahnungslos. Jeder glaubte, er sei Kurde. So mühen wir uns ab und sagen, nein, Türken. Es gibt keine Kurden. Und Gott sei Dank sind wir alle aus Horasan. Kommandant, wir wissen nicht, wo dieses Horasan liegt, aber der *General Abdullah Pascha* hat gesagt, von dort kommen wir. Sollen wir jetzt etwa unseren General enttäuschen. Also sagen wir, genau daher sind wir. Einige glauben das nicht. Vor allem in jenem Haus in der Siedlung glaubt man es nicht. Die Leute von den Kureschan mischen sich ein. Wir sagen dann dem Volk wieder, wie es richtig ist. Die aber fallen uns in den Rükken. Alles, was sie tun, ist nur dazu da, das zu zerstören, was wir und ihr aufgebaut haben. Aber sollen sie doch machen, was sie wollen. Wir sind, bei Gott, auf eurer Seite.«

Während der Agha so sprach, hatte der Hauptmann ihn unentwegt angeschaut. Dann sagte er: »Wir werden diejenigen nicht vergessen, die in den schwersten Zeiten unserer Republik dienen. Wir haben eine jahrtausendealte Staatstradition. Ganz Europa haben wir gejagt. Als sie uns für tot hielten, haben wir diese junge Republik errichtet. Einige Stämme schätzen unsere Macht falsch ein. Wer mit uns ist, wird sich in unserer Freundschaft sonnen können. Wer aber gegen uns ist, wird einen nie dagewesenen Schlag von uns erhalten. Wie gesagt, das sind ein paar Stämme, die werden wir in Kürze erledigen.«
Der Hauptmann nahm noch einen Schluck Tee. Mit seinen kleinen, blauen Augen schaute er den Agha an. Er sah entschlossen aus, er würde tun, was er gesagt hatte. Seine Gesichtszüge hatten sich verhärtet.
Der Agha erschauderte und versuchte, es nicht zu zeigen. Er wünschte, diesen Augenblick nicht erleben zu müssen. »Was wollen diese Kurden? Statt friedlich zu Hause zu sitzen, wenden sie sich gegen den Staat«, dachte er.
»Memik Agha, das westliche Dersim ist völlig in die Zange genommen. Keinen Vogel werden wir dort herausfliegen lassen. Noch vor dem Winter werden wir diese Banditen erledigen«, sagte der Hauptmann. »Dann möge Gott euch Kraft geben, und dem Staat möge kein Schaden entstehen«, erwiderte der Agha.
Leicht war erkennbar, daß sein Interesse geheuchelt war. Der Staat, der Stamm, was ging ihn das an? Für ihn waren nur er selbst und seine Familie von Bedeutung, alles andere war Gerede. »Was wäre gewesen, wenn Fate diese Dummheit nicht gemacht hätte«, ging es ihm durch den Kopf. »Wie war Mursa zu schützen? Wie war er mit geringem Schaden freizubekommen?«
»Verehrter Herr Hauptmann, was ich sagen will, mein Sohn, er soll Ihre Hände küssen, ist unschuldig. Was er getan hat, hat er für unsere Ehre getan. Sie ist eine wichtige Sache. Hungern könnten wir, splitternackt könnten wir sein, das ist unwichtig, für die Ehre aber sind wir be-

reit zu sterben. So ist es nun einmal geschehen. Gut, daß er ihn getötet hat, das sind ohnehin nur Banditen. Kennen Sie meinen Jüngsten, er soll Ihre Hand küssen, einen besseren Menschen gibt es nicht.«
Der Hauptmann wußte um die Sorge des Agha. Er wollte ihn noch stärker an sich binden. »Beruhige dich, Agha. Du zeigst uns deine Verbundenheit. Natürlich machen wir einen Unterschied bei Freunden wie euch. Wer mit Honig handelt, leckt sich schon mal die Finger, heißt es. Ich garantiere dir, daß deinem Sohn nichts geschieht. Wir beschützen ihn wie einen Gast. Du wirst im Gegenzug unserem Staat deine Dienste leisten. Wer treibt dieses Volk in den Aufstand? Welche Aghas sind gegen uns? Schließlich brauchen wir jede Menge Informationen. Wir wollen wissen, was unter welchem Stein verborgen ist. Unser Staat schaut auf Dersim wie auf ein brandiges Glied. Er ist entschlossen, diese Sache endgültig zu beenden, das faulende Glied abzutrennen, so daß nie wieder jemand in Dersim sagen wird: Ich bin Kurde. Diese Banditen werden wir auslöschen. Dieses Land werden wir zu dem Land nur derer machen, die von sich sagen: Ich bin Türke.«
Der Agha sah, daß der Hauptmann seine Rede in die Länge ziehen wollte, und unterbrach ihn: »Haben Sie überhaupt keine Sorge, mein Herr. Wir werden alles tun, was Sie befehlen, um dem Staat zu helfen. Ich möchte nur Gewißheit haben. Wo haltet ihr meinen Sohn gefangen?« »Wir schicken ihn ins Gefängnis von Elaziz. Morgen wird er auf den Weg gebracht werden. Wir haben überall entsprechende Anweisungen gegeben, damit der Sohn von Memik Agha gut behandelt wird.«
Der Agha freute sich. Seine Augen füllten sich mit Tränen. »Vielen Dank, Herr Kommandant. Ich werde es Euch vergelten.« Schließlich stand er auf: »Wenn Sie dann erlauben ...«. Sie schüttelten sich die Hände und verabschiedeten sich.
Er ging durch die öden Kasernengänge und kam an das Ausgangstor. Als er hinausschaute, sah er den Koje Hamik

in einer fast beunruhigenden Helligkeit daliegen. Seine Felsen reflektierten blendend das Licht. Zornig war der Hamik, böse. »Was treibst du hinter den dicken Mauern der Kaserne?« schien er zu fragen. Memik Agha überlief es kalt. Er schlug die Augen nieder. Ohne den Mut zu finden, noch einmal den Blick zu heben, machte er sich langsam auf den Weg.
Einmal drehte er sich um und blickte auf die Kaserne zurück. Mehrstöckig lag sie da, ein weißgetünchter klotziger Bau, fremdartig wie ein Schmutzfleck in der Landschaft. Er war dem Hamik, den Bergen Kurdistans zum Trotz gebaut, errichtet, um die Berge Kurdistans in Ketten zu legen. Als Symbol der Macht verbreitete er Angst und Schrecken.
Der Agha wanderte den Hügel hinab und kam zu Velis Kaffeehaus. In seinen Augen stand die gute Nachricht, die er aus der Kaserne mitgebracht hatte. Schnell war er mit seinen Freunden ins Gespräch vertieft. Nun war er rundum glücklich, und lang und breit sprach er über dieses und jenes. Dann machte er sich vor Einbruch der Dunkelheit auf den Weg nach Hause. Man konnte nie wissen, das Blut des Toten der Kureschan war noch nicht getrocknet, man mußte auf der Hut sein.
Erfüllt von solchen Gedanken, gelangte er zur Krümmung des Kalesan. Von hier aus boten sich Xidan und sein Haus wie auf einem Tablett dar.
Unten in Xidan lärmten die Kinder. »Wie die Hunde vermehren sich diese Schamlosen«, klagte der Agha. Er schob seine Mütze zurecht und blickte zu seiner Seite hinunter. Er dachte an seine Kinder, seine Enkel und sonnte sich in dem Bewußtsein, ein recht beachtliches Völkchen geschaffen zu haben. Eine Welle der Freude durchflutete ihn. Er legte seine Hände auf dem Rücken ineinander und stieg stolzerfüllt den Hang hinab.
Unten, am Ende des Obstgarten des Agha, am Steilhang des Kalesan waren die Frauen aus Xidan am Brunnen versammelt. Kaum hatten sie den Agha erblickt, spran-

gen sie auf wie Soldaten, die einen Befehl empfangen hatten, und ließen den Agha passieren. Memik Agha betrachtete sie im Vorbeigehen aus dem Augenwinkel.
Zu Hause angelangt, traf er auf seine Frau Yemosch. Ihr Blick war getrübt, dunkle Ringe hingen unter ihren Augen. Ihr Gesicht schien noch zerfurchter als zuvor. Ihr Blick verriet, daß sie geweint hatte. Der Agha zog die Augenbrauen zusammen, musterte seine Frau scharf und sagte: »Was ist denn mit dir los, Frau? Ist hier etwa jemand gestorben?« Yemosch erwiderte: »Glaubst du, es bleibt bei dem einen? Ich kann mir nicht vorstellen, daß die Leute der Kureschan diesen bitteren Bissen schlucken werden. Ich fürchte, sie werden sich rächen. Und selbst wenn sie keine Rache nehmen, so fürchte ich doch den Duzgin. Mein Agha, ich habe Angst, daß eine Katastrophe über meine Kinder und Enkelkinder kommen wird.« »Angst haben, das können die Weiber«, sagte der Agha und streckte sich auf dem Diwan aus. Mit Gebeten auf den Lippen huschte Yemosch aus dem Zimmer.
Memik legte sich auf das für ihn bereitete Bett. Unter seinen Kopf stopfte er ein geknüpftes Kissen. Die Augen auf die Zimmerdecke gerichtet, überließ er sich seinen Gedanken.
Im westlichen Dersim waren auch die Aghas vernichtet worden, die mit dem Staat zusammengearbeitet hatten. Eigentlich hatte er ja viele Freunde. Den Herren Fahrettin und Saadettin brachte er großes Vertrauen entgegen. Er dachte, daß er eine Ausnahme und nicht so wie die Aghas in West-Dersim sei. Das beruhigte ihn. Dersim brannte und ging unter, was ging ihn das an? Ihn quälte kein Gewissen, nur die Familie hatte für ihn Bedeutung. Die Gedanken hatten ihn ermüdet, seine Augenlider waren schwer geworden, und als seine Frau ins Zimmer trat, um die Mahlzeit anzurichten, fand sie ihn schnarchend.

Fate ging wie betäubt umher. Sie konnte weder die Hausarbeit verrichten noch sich richtig auf den Beinen halten.

Alles drehte sich in ihrem Kopf, sie war dem Wahnsinn nahe. Sie sprach mit sich selbst, als stünde ihr jemand gegenüber, ihr Gesicht, ihre Augen zuckten. Ihr war nicht mehr bewußt, in welcher Welt sie lebte. Lebte sie in dieser Welt oder lebte sie mit Ivrahim? All ihre Bewegungen verrieten, daß sie mit Ivrahim lebte. Schlaflosigkeit, Appetitlosigkeit und die Erniedrigungen durch Çavdar rieben sie immer weiter auf. Täglich wurde sie geschlagen, und jedesmal, wenn Çavdars klobige Fäuste ihren Rücken bearbeiteten, wollte sie ihr Leben aushauchen. Ihre Augen waren dunkel umrandet, ihr Gesicht und ihr ganzer Körper mit Wunden und Striemen bedeckt.
Çavdar konnte das Vorgefallene einfach nicht auf seiner Ehre sitzen lassen. So gedachte er, Fate langsam zu töten. Er hatte geglaubt, sie würde bereuen, würde sich ihm zu Füßen werfen und um Verzeihung bitten, doch die Wirklichkeit sah anders aus. Fate hatte weder ihre Liebe zu Ivrahim verheimlicht noch irgendein Schuldgefühl gezeigt. Reue erschien ihr wie eine Beleidigung des Andenkens an Ivrahim. Sie hätte sich damit noch weiter von ihm und sich selbst entfernt, ihr Leben hätte jeden Sinn verloren. Darüber war sie sich im klaren, und so ertrug sie die körperlichen Züchtigungen und das Verhalten Çavdars und ihrer Umgebung leichter. Sie war bereit, sich töten zu lassen. »Töte mich, Çavdar, ich flehe dich an, töte mich. Schau, ich habe dich doch betrogen. Du mußt mich töten, dann wirst auch du befreit sein, genau wie ich. Meinetwegen traust du dich nicht mehr aus dem Haus. Wenn du mich tötest, kannst du wieder wie früher unter die Leute gehen. Damit beweist du, daß du ein Mann bist, damit wäscht du deine Ehre wieder rein. Warum tötest du mich nicht? Was für ein Mann bist du denn?«
Dieses flehende Jammern fuhr wie Peitschenhiebe auf Çavdar nieder. Sein Schlagen wurde ihm zuwider, er ließ von ihr ab und zog sich zurück. Seinen Rücken an die Wand gelehnt, den Kopf zwischen den Armen dachte er nach. So saß er stundenlang. Çavdar konnte mit der Sa-

che nicht fertigwerden. Dann kam ihm Fates schöner schlanker Körper in den Sinn, ihre prallen Brüste, ihre üppigen schwarzen Haare und ihre großen dunklen Augen. »Welche Engel zürnen mir? Wen habe ich verstimmt? Ich habe doch genau wie die anderen meine Pflichten unseren Bergen, unseren Heiligen gegenüber erfüllt. Warum nur kommt dieses Unglück über mich? Welcher Teufel ist dieser Frau in die Seele gefahren? Alle Leckerbissen, die ich ausgeteilt, all der Schmuck, den ich ihr geschenkt habe, waren umsonst«, seufzte er.
Da er unrasiert war, lag sein grobes Gesicht nun ganz in Stoppeln gebettet. Stumpf und leer war sein Blick. Sollte er seine Frau, seine schöne Fate, töten? Das Leben war unerträglich geworden.
Wieder vergaß er alles, die Tage der Vergangenheit mit Fate kamen ins Gedächtnis, und seine Spannung löste sich. In solchen Momenten wühlten ihn angenehme Gefühle auf.
»Eine Dummheit hat Fate begangen. Die Strafe dafür hat Ivrahim mit seinem Leben gezahlt. Warum sollte es nicht möglich sein, mit ihr weiterzuleben?« Er schöpfte Zuversicht.
Wäre es nach Memik Agha gegangen, hätte Fate getötet werden müssen. Wie konnte eine Tochter von Memik Agha eine solche Untat begehen, die nur durch den Tod wieder gut zu machen war? Der Agha ließ Çavdar rufen und erklärte ihm: »Es geht um deine Ehre. Tu das, was du für richtig hältst. Wenn du willst, bringst du sie gleich um oder allmählich. Unsere Aufgabe haben wir erledigt. Ich habe eine solche Tochter nicht mehr.« Çavdar hatte nicht gewußt, was er darauf erwidern sollte, und war mit gesenktem Kopf davongegangen.

Tage, Wochen und Monate vergingen. Im westlichen Dersim war es zu Massakern gekommen. Selbst die Berge Kurdistans trugen die Farben des Blutes. Wie eine Lawine wälzte sich die Kunde von den Ereignissen in West-Dersim nach Osten. Noch rührte sich nichts, die Unruhe aber hatte alle erfaßt.
Die Leute von Xidan fühlten sich zum Zuschauen verdammt, in der Ungewißheit, was der nächste Tag bringen würde, was sie essen und trinken, ob sie sterben oder überleben würden. Was sollten sie tun?
Memik Agha bemühte sich, seine Beziehungen zum Staat zu vertiefen. Kein Tag verging ohne ein Treffen mit dem Hauptmann.
Der Agha ließ alles, was sich in seinem Haushalt fand, den Offizieren zukommen. Fett, Honig, Obst und Gemüse schienen ihm für seine Zwecke geeignet, und seine Hand löste sich kaum vom Arm der Offiziere. Er war Stammgast in dem Kaffeehaus geworden, das die Offiziere regelmäßig besuchten, und die Bevölkerung sprach ständig von ihm: »Ich habe den Agha Arm in Arm mit dem Hauptmann gesehen.« »Der Agha war auf dem Landratsamt.« »Der Agha ist jeden Tag mit den Offizieren zusammen.« Wenn der Agha davon hörte, kümmerte es ihn nicht weiter. Er verstand sich nicht einmal mehr als Kurde. »Es ist von Vorteil, Türke zu sein, Türke zu sein ist gleichbedeutend mit Sicherheit«, dachte er sich. »Die Leute reden ja nur aus Neid«, pflegte er zu sagen.
Xidan schwamm im rötlichen Abendlicht. Die hohen Stimmen der Kinder lärmten im Dorf. Die Männer hockten mit den Rücken an der Wand vor Cafirs Haus, das zum

Kalesan hochschaute, und beobachteten die Vorgänge dort oben.
Memik Agha kam vom Kalesan herunter. Die Männer fingen an, über seinen Gang zu reden, der Stolz und Selbstsicherheit ausdrückte. »Der Mann glaubt, die ganze Welt in der Hand zu haben.« »Kein Offizier, bei dem er untätig geblieben wäre.« »Selbst die Türken in der Stadt hat er hinter sich.« »So ein Agha läßt sich nicht unterkriegen.«
In diese Gespräche hinein sagte der alte Mursae Eli: »Männer, ihr redet dummes Zeug. Ein Elefant ist größer als ein Kamel, sagt man. Selbst das Huhn hebt den Kopf, wenn es Wasser getrunken hat, und schaut auf zu Gott. Diese Welt war selbst *Sultan Süleyman* zu groß, wie sollte sie da jemandem wie diesem zupaß sein! Der, der weder den Duzgin noch den Kuresch achtet, der nicht an die Heiligen unserer Berge glaubt, der kann nur ein schlimmes Ende nehmen. Dieser Mann trotzt unseren Bergen. Glaubt ihr, der Duzgin sähe nicht, was hier geschieht? Er weiß über alles Bescheid.«
Hier unterbrachen ihn die Kinder mit der Nachricht, daß jemand von Pirepes herunterkomme. Aller Augen wandten sich sogleich dorthin. Der Wanderer verschwand kurz in der Senke, die der Dere Qiz tief und scharf in die Landschaft schnitt, und tauchte dann wieder auf. Es war ein weißbärtiger alter Mann. Sein Gesicht durchzogen kantige, tiefe Runzeln, und alles Leid seines Lebens schien sich in diesen Furchen zu spiegeln. Sobald er vor den Männern von Xidan stand, sprach er: »Mave Xerd! Seid gegrüßt!« »Xer ama cimu ser! Herzlich willkommen, geschätzter Gast!«
Die Kinder umringten ihn. Sie lachten und freuten sich, denn sie erkannten den angekommenen alten Mann als Derwisch. Wenn er zu einer *Cem-Versammlung* rufen würde, so könnten sie dabei zuschauen.
Diese religiöse Versammlung wurde ihnen jedesmal zu einem unvergeßlichen Ereignis. Der Derwisch berührte entweder einen weißglühenden Ofen mit seiner Zunge und

brachte ihn mit einem Zischlaut zum Abkühlen, oder er nahm ein brennendes Holzstückchen in den Mund und löschte es. Dann schlug er wie rasend die *Saz*, zuckte dabei am ganzen Leibe und drehte sich wirbelnd. Das war immer der Höhepunkt einer Cem-Versammlung, der Anlaß für höchste Erregung. Während der Derwisch wirbelte, war es unmöglich, Augen, Ohren und Nase an seinem Kopf auszumachen. Dann stieg er in den glühenden Kamin, löschte den Ofen und schluckte Feuer. Er vollbrachte Wunder über Wunder. Dabei stand die Gemeinde auf und wiederholte die Namen von Heiligen, die der Derwisch undeutlich ausrief. Einem Mysterium gleich bereicherten sie die Cem-Versammlung.
Mit großen Augen verfolgten die Kinder die Versammlung. Die Haare standen ihnen zu Berge, sie zitterten vor Aufregung und hatten blasse Gesichter.
Während der Derwisch noch wirbelte, rief man ehrfürchtig die Großen an: »Oh Hizir! Oh Duzgin! Oh Eli! Gott, Gott ...!« Mit Hilfe dieser Allmächtigen sollte dem Derwisch geholfen werden, seine Wünsche erfüllt zu bekommen. Allmählich verlangsamte sich der Tanz des Derwisches, und Augen, Ohren und Nase zeichneten sich wieder ab. »Der Derwisch hat sich abgekühlt«, sagte man.
Nach vielen Gebeten und Wünschen für Gesundheit und Wohlergehen der Gemeinde begann dann der Derwisch zu erzählen. Er sagte, welcher Engel, welcher Heilige zur Cem gekommen war. Man glaubte vor allem an die Wundertätigkeit des Duzgin. Als er sagte, der Duzgin wäre gekommen, erscholl der vielstimmige Ruf der ganzen Gemeinde. »Oh Duzgin!« Der Derwisch fragte, wer welche Sorgen habe. Um von ihnen befreit zu werden, mußte ein Tier geopfert werden. Und er erzählte etwas über die Zukunft. Schließlich wurde wieder gebetet, und kleine Süßigkeiten wurden verteilt. Wenn er dann ins Gemeindehaus aufbrach, küßte man dem Derwisch die Hände und Füße. Die Frauen bildeten bei der Cem von den Männern entfernt einen Kreis.

Die Kinder hingen an dem Alten und wünschten auch diesmal, daß er bliebe. »Apo, wohin gehst du heute Abend?«
Der Alte streichelte ihnen über den Kopf. Er wußte um ihren Wunsch. »Wollt ihr, daß ich zu Besuch hierbleibe?«
Die Kinder brüllten vor Freude: »Jaaaa!«
Dann wandte er sich an die Männer: »Ich bin aus Demenan und komme gerade von dort.« Die Männer von Xidan schauten ihn erwartungsvoll an. Sie würden aus erster Hand erfahren, was geschehen war.
Smayil, der Sohn von Ale Gulse, reagierte als erster und lud ihn zu sich nach Hause ein. Während sich alle Männer hinter dem Alten in das Haus des Sohnes von Ale Gulse aufmachten, stellte Smayil ein paar Kinder auf dem Dach als Beobachter auf.
Das Haus hatte sich mit Männern gefüllt. Durch das kleine Fenster fielen die letzten Strahlen der Abendröte ins Zimmer. Innen breitete sich in Schwaden dunkelblauer Zigarettenrauch aus. Die Männer versuchten, mit dem Rauchen ihrer Aufregung Herr zu werden, und zuweilen übertönte ein starker Hustenanfall die Gespräche. Zere, die Frau des Hauses, bereitete das *Zerafet*, auch Babuko genannt, zu. Als sie den Teig unter die Glut im Ofen schob und darüber das Blech legte, wurden alle ruhig.
Der Alte hatte sich auf das Bett neben dem Ofen gesetzt und war in Gedanken versunken. Seine Augen waren auf die Flammen gerichtet, die von den Holzscheiten auf dem Blech zur Öffnung hin züngelten.
Er überlegte, wie er anfangen sollte. »Hier haben sich so viele Männer versammelt, da muß ich wirkungsvoll reden, Demenan braucht jede erdenkliche Hilfe.«
Einige seufzten, riefen »Oh Duzgin! Oh Eli! Oh Hizir!« und schickten Stoßgebete zum Himmel. Dann war es plötzlich so still geworden, daß niemand sich zu rühren wagte. Der weißbärtige Alte aus Demenan ergriff diese Gelegenheit und begann zu sprechen.
»Braen delale, liebe Brüder, seit Tagen bin ich unterwegs. Ich gehe von Dorf zu Dorf, von Haus zu Haus und habe

viele Dörfer des Arean-Stammes besucht. Dort habe ich versucht, von unseren Sorgen zu sprechen. Das sind so tiefe Sorgen, daß ich unseren Feinden nicht wünsche, der mächtige Duzgin möge sie ihnen geben.

Ein schweres Unglück ist über uns gekommen, schlimmer als die Pest. Es geht an unsere Wurzeln. Das westliche Dersim, vor allem mein Stamm, möchte verhindern, daß dieses Unglück, diese Seuche nach Dersim hineingetragen wird. Tatkräftige Männer stellten sich aufopfernd und heldenhaft gegen den hochgerüsteten Feind, gegen seine Geschütze und Gewehre. Die Armee, die uns zahlenmäßig weit überlegen ist, konnte trotz monatelanger Kämpfe nicht in unsere Berge eindringen.

In Demenan kämpft jeder, der eine Waffe halten kann, Frauen, Männer, selbst Kinder. Sie bieten alle Kräfte auf, um dieses Unglück, das sich gegen die Existenz des kurdischen Volkes richtet, zu verjagen. Sie schaffen damit Legenden für die kommenden Generationen. Ich schwöre beim heiligen Duzgin, unsere Helden legen Zeugnis ab von einem Mut, wie er auf der Erde bis heute nicht dagewesen ist.

Dersim ist unsere Ehre. Dersim ist unsere Mutter, unsere Geliebte, unser Land, unsere Heimat. Dersim paßt nur zu den Menschen von Dersim. Kein anderes Volk hat hier etwas zu suchen. Überlegt, was sollten diese mächtigen Berge ohne die Menschen von Dersim, ohne die Kurden wohl tun? Wären der Duzgin, Kuresch, Jele, unsere *Vierzig* jemals damit einverstanden? Könnte je ein Mensch hinnehmen, daß unsere Heiligen unter den Stiefeln des Feindes zertreten würden? Was würden die kommenden Generationen über uns sagen? Wie viele Sultane sind gekommen und wieder gegangen. Viele von ihnen haben versucht, Dersim zu nehmen. Haben sie es je geschafft, einen Fuß hierher zu setzen? Nein, nein! Unsere heldenhaften Vorväter haben immer zusammengestanden. Sie haben selbst den stärksten Sultan am Sieg über Dersim gehindert.

Ihr wißt ja, was den Stämmen im Westen passiert ist, die nicht gekämpft oder ihre Waffen niedergelegt haben. Unsere Berge, unsere Großen müssen büßen, was jene ihnen angetan haben. Sie gaben auf, aber wurden sie dadurch gerettet? Sie alle wurden zusammengetrieben und nach Harput, nach Elaziz gebracht. Natürlich wurden auf dem Weg viele von ihnen ermordet. Frauen und Mädchen wurden vergewaltigt. Wer zurückblieb, wurde in völliger Verwahrlosung weiter nach Westen getrieben. Die meisten von ihnen hungerten und dürsteten und kamen auf dem Weg um. Wer aber am Ziel der Vertreibung ankam, beneidete die Toten. Ihnen wurde weder Bleibe noch Speise gegeben. Sie wurden erniedrigt und beschimpft, weil sie Alewiten und Kurden sind. Mit Steinen werden sie aus den Dörfern und Städten vertrieben, auch sie werden in der Fremde zugrunde gehen. Was ich sagen will, ist folgendes: Die Armee interessiert nicht, ob du dich ruhig verhältst und nicht kämpfst. Auch du bist Kurde. Das Schlangenbaby darf man nicht aus dem Netz lassen, sagt der Staat. Sie wollen uns vernichten, ohne jeden Unterschied. Jetzt stehen sie vor Demenan. Wenn sie damit fertig sind, wird der Reihe nach ganz Dersim drankommen.
Dem feindlichen General Abdullah und dem *Vali* von Elaziz ist es gelungen, einige Stämme in ihre Reihen zu ziehen. Sie verbreiten mit größtem Eifer Lügen, um weitere Stämme zumindest zur Neutralität zu bewegen. Hier sprechen sie Drohungen aus, dort verteilen sie Geschenke.«
Die kräftige Stimme des Alten aus Demenan hatte zu zittern begonnen. Müdigkeit, Erregung und Wut sprachen aus seinen Gesichtszügen. Er drehte sich eine Zigarette. Sein schlohweißer Bart fiel ihm fast auf den Bauch hinunter. Während er sprach, versäumte er nicht, seine Zuhörer Mann für Mann eingehend zu betrachten. Wenn er den Blick eines Mannes traf, so senkte der gleich seinen Kopf. Er nahm einige Züge aus seiner Zigarette. Als der blaue Rauch ihm aus Nase und Mund entwich, wurde aus dem Weiß um Mund und Nase ein schmutziges Gelb.

»Der Feind kämpft nicht wie ein Mann mit uns. Er hetzt uns gegeneinander auf. Mancher, wie euer Agha, macht ihm Zugeständnisse, mancher gibt ihm ganze Gehöfte. Sinn und Zweck ist nur, eine Einheit unter uns unmöglich zu machen. Zerstreut sollen wir sein, einer dem anderen feindselig gesinnt. Es wird dann natürlich nicht schwer sein, ein so zerstückeltes Volk zu besiegen.
Als reiche es nicht, daß die Stämme der Alan und Arean uns allein gelassen haben, sie stellen dem Feind auch noch Milizen und Führer zur Verfügung, leisten vielfältige Unterstützung. Manche Aghas verbrüdern sich mit den feindlichen Offizieren oder binden sie als Paten an die Familien. Wissen denn diese Unglücklichen nicht, daß ihre neuen Brüder nach Dersim gekommen sind, um das kurdische Volk zu vernichten? Die Antwort darauf ist nicht schwer. Sie wissen es, sie wissen es sehr gut sogar. Für ihre gemeinen Interessen aber verkaufen sie ohne weiteres unser Land, unsere wunderbaren Berge.
Uns bleibt nur eine Entscheidung: Widerstand bis zum letzten, Kampf bis zum letzten Mann. Die Ehre, für sein Land zu sterben, halten wir aufrecht. Nie werden wir uns so würdelos wie die Aghas benehmen.
Dabei sind ihre und unsere Pir, unsere religiösen Führer, dieselben Leute. In der Not, bei Krankheiten und in den guten Tagen waren wir eins. Gab es irgend jemanden, der gesagt hätte: Du bist von den Arean, ich von den Demenan? Wir alle sind Menschen dieses Bodens. Kann es richtig sein, nur zuzuschauen, wenn die Fluten des Haydaran sich in Blutströme verwandeln, wenn die Gewehrschüsse schon fast bis in euer Dorf zu hören sind?«
Der Alte aus Demenan war am Ende seiner Kraft. Die letzten Worte blieben ihm fast in der Kehle stecken. Dennoch fuhr er mit tiefer, zitternder Stimme fort. »Der Staat macht jetzt noch einen Unterschied zwischen diesem oder jenem Stamm. Wenn aber der Widerstand der sich wehrenden Stämme zusammenbricht, ist das das Ende aller Stämme.

Als Scheich Said sich erhob, hieß es: Das sind *Schafiiten*. Man behauptete: Wenn die einen Staat gründen, vernichten sie zunächst die Alewiten. So waren die Alewiten, die Stämme der Xormek und Lolan von Dersim dem Scheich in den Rücken gefallen. Jetzt heißt es über die Dersimer: Das sind Ungläubige, Ketzer, ihre Ermordung ist religiös legitim. So sammeln sie Männer unter den übrigen Kurden. Man braucht nicht studiert zu haben und gelehrt zu sein, um diesen niederträchtigen Plan zu durchschauen. Jeder mit gesundem Menschenverstand kennt dieses Spiel. Das ist das Spiel der Osmanen. Ein Spiel, das sie seit alters her spielen. Leider fallen unsere Esel immer noch darauf herein.
Brüder, ich will euch nicht länger Kopfschmerzen bereiten. Was sagten unsere Vorväter? Es ist besser, einen Tag als Hahn zu leben als jeden Tag als Huhn. Lieber wollen wir zum Märtyrer werden, als mit gebundenen Händen unter den Stiefeln des Feindes zu verenden.«
Kein Laut war im Zimmer zu hören. Die Männer waren unschlüssig. Eine schwere Last hatte sich ihnen auf die Schultern gelegt. Da trat Zere ins Zimmer und kam ihnen zu Hilfe. Lang und schmal wie sie war, glitt sie in ihren weiten Röcken zwischen den Männern hindurch zum Ofen. Mit geübten Bewegungen schob sie das Feuer zur Seite, hob das Blech an und schaute nach, ob das Brot schon durchgebacken war. Dann ergriff sie das Brot mit dem Zipfel ihrer Schürze und ging in die Küche zurück. Das Zimmer war nun in Bewegung geraten. Die Männer hatten die Gelegenheit ergriffen und begonnen, sich Zigaretten zu drehen, zu hüsteln und die verschnürten Kehlen zu entspannen.
Das Feuer war niedergebrannt. Auch das ins Zimmer dringende Tageslicht hatte stark abgenommen, und nur schwach gelangten die Strahlen der Küchenfunzel zu den Männern herüber.
Plötzlich gerieten die Kinder in Aufregung: »Zu yeno! Zu yeno! Da kommt jemand!« Das Zimmer leerte sich. Der

Weißbärtige aus Demenan hatte die Augen auf die Glut im Herd gerichtet, er saß in Gedanken und ließ sich nicht aus der Ruhe bringen. Wie fürchterlich war das Feuer auf den Bergen von Demenan gewesen! Er dachte an die Menschen, die gezwungen waren, dort in den Höhlen zu leben. Ihm gingen seine Enkel, seine Schwiegertöchter und Töchter, seine Verwandten durch den Kopf, die abgeworfenen Bomben und die niedergebrannten Dörfer. Das im Ofen glimmende Feuer hatte ihn zurück nach Demenan versetzt.
Als der Alte dort weilte, waren die Flugzeuge gekommen. Die Flieger, deren Schatten harmlos zart anmuteten, hatten ihren Haß auf das Dorf gespien, wie Regen waren die Bomben vom Himmel gefallen. Man hörte die Schreie der Menschen, das Weinen von Kindern, Teile von Menschen flogen durch die Luft. Der Alte beobachtete das alles von dem Felsen aus, unter dem er Zuflucht gesucht hatte. Der Sturm legte sich. Gerade als man dachte, die Flugzeuge seien abgedreht, kamen sie noch einmal zurück. Dieses Mal schossen sie aus Maschinengewehren. Die Frauen, die ihre Kinder suchten, die Alten, die sich mühselig aus den Ruinen befreiten, alle lebendigen Geschöpfe des Dorfes waren vernichtet worden. Nur ein einziges Wesen hatte der Zufall gerettet. Es war ein Baby, eingewickelt und fest verschnürt.
Er hatte das Kind an sich genommen und es in die Höhle gebracht, in die er sich geflüchtet hatte. Er hatte es liebkost und gestreichelt. Ohne Furcht hatte es ihn angeschaut. Er hatte die Vernichtung noch vieler anderer Dörfer gesehen, und von der Zerstörung weiterer gehört. Er wunderte sich, daß er unter dieser schweren Last überhaupt noch atmen konnte.
»Der Staat tut alles in seiner Macht Stehende, um uns auszurotten. Und was tun wir?« fragte er sich.
Kurz darauf kamen die Männer lärmend ins Zimmer zurück. Ale Gulses Sohn Sileman sagte: »Apo, der Ankömmling ist mein Schwager Hemedi von den Kureschan.« He-

medi wandte sich zu dem Alten und ließ sich vor ihm auf die Knie nieder. Sie küßten sich gegenseitig die Schultern. Während sie sich begrüßten und die üblichen Fragen nach dem Ergehen hin und her gingen, richteten Zere und Hemedis Schwester Firaz das Zerafet auf einem großen Tablett an, das sie auf einen hölzernen Untersatz gestellt hatten. Der Herr des Hauses bat zuerst den Alten zur Mahlzeit und dann alle anderen Männer. Sie saßen dichtgedrängt und griffen mit den Händen nach den Speisen. Kaugeräusche erfüllten den Raum.
Nach dem Essen wurden die Hände gewaschen, und man drehte Zigaretten. Erregt begann Hemedi zu sprechen. »Die Aghas schüchtern das Volk ein. Sie sagen: Wie sollen wir alleine uns dem Staat entgegenstellen? Sie versuchen, mit allen Mitteln diejenigen zum Aufgeben zu bewegen, die sich der Unterdrückung widersetzen. Sie sagen: General soundso ist Alewit, Vali soundso ist Alewit. *Misto* sei beim Derwischkloster gewesen, hätte *Ulusoy* die Hand geküßt und seinen Segensspruch bekommen.« »Für die Vernichtung der alewitischen Kurden?« unterbrach ihn der Alte aus Demenan und Hemedi fuhr fort: »Apo, frag das lieber unsere verräterischen, ehrlosen Aghas. Wer sein Leben lang das Wort *Ehlibeyt* nicht in den Mund genommen hatte, wurde plötzlich zum Alewiten erklärt. Wir Kurden wurden über Nacht zu Türken. Die Bevölkerung von Dersim sei rein türkisch, behaupten sie in ihren Lügen.
Nachdem General Abdullah nach Dersim entsandt worden war, ließ er das absichtlich so verbreiten. Die Dersimer kämen aus Horasan. Er befahl, man solle erzählen, daß sie reine Türken seien. Na, und da nimmt der Vali von Elaziz den Befehl natürlich entgegen und bleibt nicht untätig. Alle Aghas in seiner Umgebung überhäufte er mit Geschenken. Die Lüge breitete sich im Flüsterton über ganz Dersim aus.
Man hätte fragen müssen: Wenn wir denn aus Horasan stammen, wenn wir echte Türken sind, was soll dann dieses Massaker, dieser Völkermord? Warum werden die in

die Höhlen geflüchteten Alten und Frauen, Familien mit ihren Kindern ermordet? Unseren Frauen werden die Babys mit Bajonetten aus dem Bauch gerissen. Wird uns all dies angetan, weil wir Türken sind? Schritt für Schritt kommen die Soldaten nach Dersim hinein. Der Sitz des Vali wurde nach Mazgird verlegt. Wo das Militär einmal hineingekommen ist, da gibt es sich den Anschein, auf Dauer zu bleiben. Man errichtet Wachgebäude.
Wenn diese Uneinigkeit unter uns und die Haltung unserer Aghas so weitergehen und wenn die paar Stämme, die jetzt Widerstand leisten, vernichtet sein werden, so wird niemand mehr seines Lebens sicher sein, das schwöre ich bei meinem Großvater Kuresch. Sobald die Berge nicht mehr in unseren Händen sind, werden die Soldaten umbringen und aufhängen, wen immer sie wollen.«
Die Augen des Alten aus Demenan strahlten, er beobachtete Hemedi liebevoll. Die jungen Männer betrachteten ihn mit Bewunderung. Sie kannten ihn als einen tapferen Mann. Es gab keinen, der nicht gewußt hätte, daß Hemedi für die Unterstützung der Stämme in West-Dersim tätig war. Wohin er ging, ermahnte er die Interessierten und gewann sie für den Kampf.

»Wasser steht, aber der Feind schläft nicht«, sagt man. So war es schließlich auch hier. Memik Agha hatte nicht geschlafen. Ihn beschäftigte nur eines, das Vertrauen der Offiziere in ihn zu stärken, indem er ihnen noch mehr zunutze war. In seiner letzten Unterredung mit Ali Fethi Esener hatte er gesagt, er würde selbst die kleinste Regung melden. Dem Agha pflegte nichts zu entgehen, und jede noch so unwichtige Begebenheit fand seine Beachtung. Er glaubte, seine Lage um so besser sichern zu können, je mehr er meldete. Aus Angst davor kam kein Besuch mehr zu den Leuten von Xidan, und auch sie selbst gingen nirgendwo mehr hin.
Sobald der Agha an jenem Abend von seinen Enkeln erfahren hatte, daß sich Fremde im Dorf aufhielten, ließ er

seinen Sohn Mustafa rufen: »Geh zu Hauptmann Ali Fethi Bey. Richte ihm meinen Gruß aus und melde ihm, daß Fremde in Xidan sind und daß diese Fremden Aufständische sein könnten. Alles weitere ist dann seine Sache.«
Xidan lag in der Dunkelheit der Nacht, die Hand war kaum vor den Augen zu sehen. Voran Mustafa, der Sohn des Agha, hinter ihm der Hauptmann und die Soldaten, so stiegen sie langsam herab. Hier und da schlugen Hunde an. Außer ihrem Bellen und den schleifenden Schritten der Soldaten war kein Laut zu vernehmen.
Der Agha besprach mit dem Hauptmann, was zu tun sei. Er machte Vorschläge, um die Fremden in die Hand zu bekommen. Niemand kannte das Dorf besser als er.
Gegen Mitternacht umstellten die Soldaten Xidan vom Dere Qiz, vom Pule Qula und vom Wald Qelwe her. Als der Kreis sich zusammenzog, verstärkte sich das Hundegebell. Die Männer, die sich in Smayils Haus versammelt hatten, machten sich bereits Sorgen, als die Hunde die heranrückende Gefahr verbellten. Einige von ihnen gingen vor das Haus und erkannten sofort, daß sie vollständig eingekreist waren.
Hemedi ging in das Haus seiner Schwester hinüber. Den Alten aus Demenan hatte Zere, die Frau des Hauses, durch den Abstieg in der Küche in den Verschlag darunter gebracht. Nachdem sie ihn in der Finsternis hinter Heu- und Strohballen versteckt hatte, sagte sie: »Apo, halt dich gut versteckt!« und ging wieder nach oben.
Die Soldaten hatten die Bajonette auf die Gewehre gepflanzt und durchsuchten die Häuser. Kein Eckchen ließen sie unbesehen. Mit einer Lampe in der Hand stiegen sie in Smayils Verschlag hinab. Sie durchlöcherten mit den Bajonetten die Ballen aus Heu und Stroh. Der Alte fühlte die Stiche geradezu am eigenen Leib. Er machte sich klar, daß er Auge in Auge dem Tod gegenüberstand. Er wagte nicht zu atmen. Als die Soldaten gegangen waren, holte er tief Luft. Ihm stand das Bild des kleinen Kindes vor Augen, das von dem Bombardement verschont

geblieben war. Der Schmerz krümmte sein Inneres zusammen. Das, was er gesehen hatte, war ihm wie ein Dolch in die Brust gefahren, und er durchlebte den Kummer erneut. In sich versunken saß er da. Die Worte »Apo, die Soldaten sind weg« rissen ihn aus seinen Gedanken.
Die Häuser von Xidan waren meist einstöckig. Zu ebener Erde lagen die Heuverschläge und Ställe, und darüber wohnte man. Die starken Steinwände der Häuser hatten im allgemeinen kleine Fenster. So blieben die Häuser im Sommer kühl. Vor dem Fenster Silemans streckte sich eine schlanke Pappel in den Himmel.
Hemedi war in das Haus seiner Schwester gelaufen, als er die Soldaten kommen hörte, vom Fenster aus hatte er versucht, über die Pappel auf den Erdboden zu klettern. Seine Schwester hatte das Fenster geschlossen, als sei nichts geschehen, gerade als die Soldaten ins Haus stürmten. Einer der Soldaten hatte das Fenster beobachtet und gesehen, daß jemand von der Pappel kletterte. Sein Ruf »Faßt ihn, er flüchtet!« durchschnitt die Nacht.
Hemedi wurde gefaßt. Die Soldaten, allen voran der Hauptmann, konnten sich vor Freude kaum halten. Mit dem Stolz des erfolgreichen Jägers, der seine Beute nach Hause trägt, nahmen sie Hemedi mit. Nachdem die Soldaten abgezogen waren, hüllte die dunkle Nacht sich wieder in Schweigen.
Firaz weinte still um ihren Bruder. »Sie werden ihn töten, bevor er sein Leben gelebt hat, bevor er noch seine Jugend gekostet hat ...«, sagte sie.
Die Frauen waren bei ihr zusammengekommen und teilten ihren Schmerz. Manche weinten wie sie, manche noch mehr, sie klagten um ihre gestorbenen Kinder, Geschwister, Väter und Mütter.
Die Männer hörten, ohne müde zu werden, die Geschichten des Alten aus Demenan an. Als die tiefe Finsternis dem Morgengrauen wich, machte dieser sich auf den Weg in die Dörfer im Süden. Traurig war er, und es beküm-

merte ihn tief, daß ein tapferer Mann wie Hemedi gefangen worden war.
Noch in derselben Nacht wurde Hemedi unter Stößen und Schlägen mit Gewehrkolben ins Gefängnis geworfen, das von Kurden überfüllt war. Willkürlich hatte man sich die Menschen gegriffen. Die meisten waren weit entfernt davon, ein nationales Bewußtsein zu haben, doch sie alle sollten verhört werden, obwohl es eigentlich nichts gab, worüber man sie hätte verhören können. Der Zweck war, ihre Verwandten zu veranlassen, sie gegen Goldgaben auszulösen. Die Herren Fahrettin und Saadettin nahmen sich der Sache an, schoben sich selbst einen Teil der Gaben zu und verteilten den Löwenanteil an die Offiziere, die ihren Anteil abschätzten. Sie besprachen den Wert der Silber- und Goldmünzen untereinander. »Ein dreckiger Beutel ist der Kurde. Kein Geld hat er.« »Wozu braucht ein Kurde schon Geld?« »Dem reicht es doch, wenn er *Ayran* hat.«

Es war Tag geworden. Die Sonne hatte begonnen, die Berge zu erwärmen. Trotz der Helligkeit lag alles in gelblicher Melancholie, in Beklommenheit, die den Menschen verrückt werden läßt, die all seine Hoffnung nimmt und die bittere Wahrheit bereits in sich trägt. Wann würde die Todesnachricht ankommen? Ein lähmendes, todbringendes Warten war das.
Um das Gefängnis drängten sich die Soldaten. Sie spazierten auf und ab. Fröhlich waren sie, zum Scherzen aufgelegt, sie fühlten sich sicher, waren von sich eingenommen. Den Kurden gegenüber aber glaubten sie prahlen zu können.
Hemedi stand zwischen zwei Soldaten Hauptmann Ali Fethi Esener gegenüber, entschlossen und nicht das geringste Zeichen von Angst im Gesicht. Sie würden ihn sowieso töten. Da er sich dessen sicher war, wollte er ihnen wenigstens zeigen, wie ein Kurde stirbt. Seine Gesichtszüge waren gespannt, seine Augen starr auf den Hauptmann gerichtet. Das war ein Blick, der einen Menschen erschau-

dern lassen, ihm Furcht einjagen konnte. Seine Adlernase verlieh ihm ein fast pathetisches Aussehen.
Alle Fragen, die an ihn gerichtet wurden, beantwortete er mit: »Weiß ich nicht.« Er schien selbst den Tod zu verhöhnen.
»Wer von den Leuten der Kureschan arbeitet mit den Banditen zusammen?« »Weiß ich nicht.« »Wer hat etwas zu sagen bei den Kureschan?« »Weiß ich nicht.« Der Hauptmann befahl, ihn zu schlagen. Hemedi war mit Handschellen gefesselt, und die Gewehrkolben schlugen auf seine Schultern, seinen Kopf, seinen Bauch.
Trotz der Schläge wandte er seine Augen nicht von dem Hauptmann ab. Mit noch gesteigertem Haß blickte er ihn unverwandt an. Der Hauptmann ließ sich dadurch verunsichern.
»Bringt ihn weg!« befahl er seinen Soldaten. Die Soldaten stießen ihn ins Gefängnis zurück und erst hier wand er sich vor Schmerz.

Im Bataillon gab es einen Unteroffizier, der unter den Soldaten genauso berüchtigt war wie unter den Kurden. Seine stämmigen, kurzen Beine und sein Oberkörper standen in merkwürdiger Unproportioniertheit zueinander. Kleinwüchsig war er, seine flinken stahlblauen Augen erhöhten die Kälte seines Gesichtsausdrucks. Ihm machte es Spaß zu töten. Einen Menschen zu töten, bedeutete für ihn nicht mehr, als ein Huhn zu erwürgen. Er war ein Menschenschlächter.
Die Kurden nannten ihn Gavur Ali, den ungläubigen Ali. Unter den Kameraden war er für seine Prahlerei bekannt. So viele Kurden wie er hätte noch kein anderer umgebracht, und wer weniger getötet hatte, fühlte sich in seiner Gegenwart in seiner Männlichkeit angezweifelt. Wie bei den Kopfjägern wurden Preise für die Anzahl der Getöteten ausgesetzt. Damit erwarb man sich Achtung.
Hemedi hatte sich in eine Ecke gekauert, den Rücken an die Wand gelehnt. Er war in sich versunken. Seine Augen

waren durch das große Fenster starr auf den Gipfel des Hamik gerichtet.
Gavur Ali löste den Wachtposten ab. Er trat in die Zelle und musterte die gefangenen Kurden herablassend, als überlege er sich, welchen er erwürgen solle, als suche sich der Metzger ein Schaf aus der Herde. Vor Hemedi blieb er stehen. Ihre Augen trafen sich.
»Zieh dir eine saubere Unterhose an!« Seine blauen Augen blitzten in der Vorfreude, einen weiteren Kurden töten zu können. Er ging hinaus, und Hemedi wandte seine Augen wieder dem mächtigen Hamik zu, als habe er nichts gehört. Er wußte genau, daß er getötet werden würde. Diese Worte sagte Gavur Ali nicht zum Spaß, sie würden ihn umbringen. Wie oft würde er in der schweren Luft hier drinnen noch Atem holen? Wie lange noch würde er die Berge beobachten können, deren Wasser er siebenundzwanzig Jahre getrunken, deren Luft er geatmet hatte? Dieser Gefängnisraum, der nun von Soldaten umringt war, war ursprünglich für die Vergnügungen, für die Tanzveranstaltungen der Offiziere und übrigen Beamten errichtet worden. Der Raum lag wie ein kleiner Hühnerstall neben dem zweistöckigen Regierungsgebäude. Er war in aller Eile auf die ebene Fläche gesetzt worden. Später hatte man begonnen, ihn als Gefängnis zu nutzen. Gleich unterhalb lag das Haus von Saadettin Efendi. Die Leute aus Xidan nahmen den Weg, der an diesen Gebäuden vorbeiführte, wenn sie nach Hause gingen. Von hier warfen sie flüchtige Blicke herüber, um zu erfahren, was dort passierte. Um keine Aufmerksamkeit zu erregen, blieben sie jedoch niemals stehen.
Es war Nachmittag. Einige Kurden wurden aus dem Gefängnis geholt und abgeführt. Etwas später hörte man Gewehrschüsse, mal deutlich, mal gedämpft.
Als Hemedi die Gesten Gavur Alis sah, wußte er, daß er nun selbst bald an der Reihe war, sein junges Leben würde ein Ende finden. Starr blickte er auf den Hamik. »Ich muß mich sattsehen, bald werde ich keine Gelegenheit

mehr dazu haben.« Er dachte an seine Schwester, an seine Brüder, an seine Frau und seine Tochter, die auf ihn warteten. »Wie werden sie meinen Tod aufnehmen?« Ihm kamen die Erlebnisse mit dem Alten aus Demenan in den Sinn.
Als sein Name von den Wänden des Gefängnisses widerhallte, drehte er seinen Kopf in die Richtung, aus der die Stimme gekommen war. Gavur Ali stand dort. Mit zwei Soldaten hinter sich erwartete er ihn. Hemedi mußte seine Erregung bezwingen, niemand sollte ihn sich ängstigen sehen. »Früh ist der Tod gekommen. Ich muß sterben wie die Helden, die sich in Demenan, im westlichen Dersim im Widerstand befanden. Kopf hoch, Hemedi, jetzt legst du die schwerste Prüfung deines Lebens ab. Angst steht einem Mann nicht«, dachte er. »Sie sollen nicht sehen, daß ich mich fürchte, lachend und tanzend sollen sie mich sehen.«
Er stand auf. Ein gezwungenes, qualvolles Lächeln hatte sich auf sein kupfernes Gesicht gelegt. Er schaute die Kurden an, die ihm bewundernd nachsahen. »Seid tapfer. Die Angst nützt dem Tod nichts«, schien er zu sagen. Dann verabschiedete er sich von ihnen mit: »Xatirwe sima! Möge es euch gut ergehen!« und trat hinaus. Die zurückbleibenden Kurden standen wie versteinert. Einer rief die heiligen Stätten zu Hilfe, ein anderer zürnte ihnen. Konnte man dieser Ungerechtigkeit gegenüber die Augen verschließen? War die Liebe, die sie so viele Jahre gegeben hatten, denn ganz umsonst? »Ziehe eine stählerne Mauer um Hemedi, Duzgin, du bist doch nicht blind! Hemedi ist ein Held, Hemedi ist jung, Hemedi ist unser Löwe, schütze ihn, Duzgin!« Fast alle flehten den Mächtigen an, dem sie vertrauten, den sie wertschätzten.
Draußen sah Hemedi den Duzgin, der sich schon in die Abendröte kleidete. Beim Dorf war nichts zu sehen. Es war diesig, nur Schatten und heranziehende Dunkelheit waren auszumachen. Die Sonne stand schon so niedrig, als berühre sie den Gipfel des Hamik.

Mit Gavur Ali voran marschierten sie zum Efkar-Hügel. Auf Hemedis Lippen lag noch ein gequältes Lächeln. »Was soll ich tun, mein Schicksal gibt eben nur soviel her. Wenigstens habe ich nicht unnütz gelebt. So gut ich konnte, habe ich gegen das Unrecht gekämpft.«
»Von hinten, bei diesem furchtbaren Fluß werden sie mich töten«, sagte er sich und schaute auf den Fluß. Ein Fluß ohne Bäume, ohne Busch und Strauch, tief in die Landschaft geschnitten. Die ziegelrote Erde ist schmierig, nicht einmal Disteln wachsen hier. Wenn die Fluten, die sich vom Koje Ser her ergießen, diesen Boden mit sich reißen, tritt darunter ein neuer hervor. Im Sommer trocknet der Fluß ganz aus, dann ist kein Tropfen Wasser zu finden.
Sie hatten den Efkar-Hügel erreicht. Dieser Hügel liegt dem Duzgin gegenüber. Die Kurden kommen hierher, um eine Lösung für ihre Probleme zu finden, eine Freundschaft zu schließen oder eine Feindschaft beizulegen. Sie wenden sich dem Duzgin zu und setzen sich auf den glitschigen Boden. Wenn der Mensch dann »Serve Duzgin wo ke ... Ich schwöre beim Duzgin ...« sagt, bleibt die Zeit stehen.
»An diesem Abhang werden sie mich erschießen. Meine Leiche werden sie in den Fluß hinunterstoßen«, dachte er, während Dunst vom Fluß aufstieg. »Die machen sich nicht einmal die Mühe, einen Menschen zu begraben. Ein guter Feind tötet, aber er läßt die Toten nicht einfach liegen, sondern begräbt sie.«
Mit diesen Gedanken trug er sich, als sie zu einer steilen Stelle kamen. Mit einer schnellen Bewegung sprang er und stieß sich den Steilhang hinunter. Er lief um sein Leben, als kämpfe er mit dem Todesengel Azrail.
Sobald Gavur Ali und seine Soldaten sich von der Überraschung erholt hatten, schickten sie ihm einen Kugelhagel hinterher. Hemedi taumelte mal nach links, mal nach rechts und lief und floh. Eine in seinem Inneren pulsierende Kraft trieb ihn an. Rechts und links von ihm, neben seinen Ohren zischten die Kugeln vorbei.

Das ist der Tag der Tage, Hemedi, laß dich nicht erwischen. Über die Ebene hinter Saadettins Haus war er zum Dere Qiz hinuntergerannt. Hier gab es vereinzelt grüne Flecken, große Felsbrocken, die die Flut von oben heruntergerissen hatte. Hier war Laufen unmöglich, selbst das Gehen schwer. Er sprang von Fels zu Fels, lief, als seien ihm Flügel gewachsen. Er entfernte sich mit jedem Sprung von den Soldaten. »Selbst wenn sie zurückbleiben, darf ich meine Geschwindigkeit nicht vermindern.«
Am Dere Qiz glaubte er sich in Sicherheit. Es war undenkbar, daß die Soldaten zum Fluß hinuntersteigen würden. Wenn überhaupt, so könnten sie ihn von den Höhen zu beiden Seiten des Flusses verfolgen.
Er hatte sich in die tiefe Schlucht hinter Xidan geflüchtet. Hier drang selbst tagsüber kaum Sonnenlicht hinein. Von oben war er nicht zu sehen. Die reißenden Frühlingsfluten hatten höhlenartige Hohlräume eingeschnitten. Die grauen, schwarzen, manchmal karmesinroten Felsen ähnelten in der Abenddämmerung, vom Fluß aus gesehen, Silhouetten von Statuen.
Hemedi war schweißgebadet, dennoch war er nicht langsamer geworden. Noch immer verfolgten ihn die Soldaten. Sie wußten, daß er unten am Fluß war. Deshalb feuerten sie aufs Geratewohl hinunter. Das Getöse hallte tausendfach in den Bergen wider, und Wolf und Vogel, die sich auf die Nacht vorbereiteten, wurden aufgeschreckt. Er wandte sich einmal auf das Xidaner Ufer, dann wieder auf die Seite von Lolan.

Die Xidaner waren in Angst und Schrecken, denn die Soldaten waren unberechenbar. Die Männer waren aus den Häusern geflüchtet, um nicht bei der ersten Gelegenheit gefangengenommen zu werden. Jeder hatte sich ein Versteck gesucht. Die Frauen hatten ihre Kinder verteilt. Die einen wurden auf das Dach gebracht, die anderen in den Stall gesteckt. Hübsche Mädchen im heiratsfähigen Alter strichen sich Schmutz in die Gesichter, um ihre Schönheit

zu verbergen. Alle waren beunruhigt, ob jung oder alt. Sie kannten den Grund für diese Aktion der Soldaten nicht. Hätten sie gewußt, daß Hemedi geflüchtet war, sie hätten aus ganzem Herzen ihre großen Berge um Schutz und Hilfe angefleht.
Als die Soldaten gleichmäßigen Schrittes vom Kalesan hinabstiegen, gab Zeynel seinem Vater Memik Agha Bescheid. Der Agha erschrak und wurde nervös. Er dachte nach und konnte sich keinen Reim darauf machen. Mit tausend Fragen im Kopf blieb ihm nichts, als zu warten. Von weitem erkannte er seinen Freund Ali Fethi Bey. Über die Ebene hinter seinem Garten ging er den Soldaten entgegen. Seine Beine zitterten bei jedem Schritt, sein Herz schlug heftig. Hinter dem Brunnen trafen sie aufeinander.
»Nanu, Herr Kommandant, was ist los?« »Der Räuber, den wir gestern in deinem Dorf erwischt haben, ist geflohen,« erwiderte Ali Fethi Bey.
Diese Worte gaben dem Agha die Ruhe wieder, sein Selbstvertrauen kehrte zurück. »So viele Soldaten laufen einem Menschen hinterher? Ist der denn so wichtig?« »Ja, sehr wichtig. Wir sind entschlossen, alle Räuber auszurotten.« »Mein Hauptmann, die Soldaten sollen ruhig weitersuchen. Sie aber kommen und trinken erstmal einen Tee bei mir, wo Sie schon bis zu meinem Haus gekommen sind. Bei Gott, so einfach lasse ich Sie nicht wieder gehen.«
Mit gekünstelten Gesten war er näher getreten, als verhandele er mit einem alten Freund der Familie. Als er den Arm des Hauptmanns nahm, zog dieser sich mit einer abrupten Bewegung zurück.
»Bleibt nicht bis in die Dunkelheit, sammel die Soldaten und bring sie zum Haus des Agha«, befahl er dem Unteroffizier.
Der Agha machte noch einen Versuch, den Arm des Hauptmanns zu nehmen. Sie traten in die den Gästen vorbehaltene Wohnstube, und Ferad Agha begrüßte den Hauptmann ehrerbietig. Memik Agha überhäufte seinen Sohn mit Befehlen. Der Hauptmann tat, als merke er nicht, daß

Kurdisch gesprochen wurde, innerlich jedoch sagte er sich: »Die dreckigen Kurden.«
Er begann, mit dem Agha über Alltägliches zu reden. Der Hauptmann erzählte Geschichten über die Vernichtung der Banditen, während die Kinder des Agha fieberhaft tätig wurden. Sie brieten Fleisch, um die Soldaten, die von der Suche nach Hemedi zurückkamen, zu bewirten.

Hemedis Herz schlug, als wolle es seine Brust sprengen. »Was ist mit mir? Habe ich denn Angst?« fragte er sich. Er versuchte, seine Gedanken zu ordnen. Er wußte, daß er seine Angst niederzwingen und ruhig bleiben mußte.
Er war jetzt im Wald Qelwe. Die Dunkelheit hatte sich gesenkt und ließ die Bäume noch schwärzer erscheinen. Alles umhüllte die geheimnisvolle Nacht, und als er auf den weichen Boden trat, begann er, an seine Rettung zu glauben. Tastend drang er tiefer in den Wald. Dieser war von kräftigen Eichen beherrscht. Die Xidaner achteten sehr darauf, ihn zu schützen. Bis in die letzten Herbstmonate hinein hinderten sie die Tiere daran, in ihn hineinzugehen. So war er ein ungestörtes Paradies für Fuchs und Hase, Marder, Wolf und Schakal, aber auch für Rebhühner und andere Vögel. Sobald die Blätter sich färbten, wurden die großen Eichen beschnitten. Die fleischigen Eichenblätter dienten den Tieren im Winter als Futter.
Hemedi konnte vor Erschöpfung nicht weiter. Er drang in ein Gebüsch und deckte Zweige, Geäst und Blätterwerk über sich. Er zog seine Beine an, machte sich ganz klein und dachte: »Selbst im Tageslicht können sie mich nicht sehen.« Er hielt den Atem an und wartete.
Nach der Ermattung des warmen Herbsttages begannen nun die Käfer zu lärmen. Vom Fluß, unten am Waldrand, klang das Quaken der Frösche herauf. In diese Geräusche mischte sich hier und da das Heulen eines Schakals.
Als er Stimmen von Soldaten hörte, schauderte ihn. »Sie suchen noch immer«, sagte er sich. Vor Angst, er könne nach soviel Mühe doch noch gefunden werden, wurde ihm

schwindelig. Fast hätte er gewürgt und sich übergeben.
»War es doch falsch, auszuruhen? Hätte ich bis zum Dere
Lay, bis nach Alçek laufen müssen?«
Er vertraute auf sein Glück und wartete. Sein Herz klopfte noch immer schnell. Einmal kamen Schritte ganz nah heran. Er fürchtete, daß das Gebüsch bei dem kleinsten Husten, der leichtesten Regung, dem geringsten Verdacht durchsucht werden würde.
Ein schriller Pfiff zerriß die Dunkelheit. Stimmen brachen sich an den Felsen und hallten wider. »Sie ziehen sich zurück«, murmelte er. Die Stimmen verloren sich allmählich. Nun waren wieder die Waldbewohner die Herren der Nacht. Er beruhigte sich, sog tief die reine Luft in seine Lungen, und wich nicht aus seinem Versteck.

Im Garten des Agha herrschte wildes Treiben. Die Stimmen klangen nach Xidan herüber. Als die Soldaten sich beim Haus des Agha versammelten, kehrten auch die Xidaner zu ihren Häusern zurück. Sie saßen auf den grauen, noch tagwarmen Steinen und diskutierten. Im Gegensatz zu dem Lärmen aus dem Haus des Aghas sprachen sie mit gedämpften Stimmen.
Die Frauen waren alle bei Hemedis Schwester Firaz versammelt. Jeder Xidaner hegte tiefen Haß gegen den Agha. Aber niemand traute sich, dies laut auszusprechen. Wer ein offenes Wort gegen den Agha wagte, wurde am folgenden Tag von dessen Söhnen erbarmungslos verprügelt. Wenn die Leute von Xidan auch arglos dahinlebten, so wußte der Agha doch immer wieder mit allen möglichen Komplotten, sie gegeneinander aufzuhetzen. So lud er mal diesen, mal jenen aus Xidan zum Essen ein, unterhielt sich mit ihm. Es sah jedenfalls nach einer Unterhaltung aus. Tatsächlich aber war es eine Erniedrigung. Wer aus Xidan eingeladen wurde, war bekümmert. Bedrückt ging er hin, ihm war, als zahle er die Speise selbst. Er konnte sich daran nicht freuen. Jeder wußte, daß etwas faul war. Der Agha brachte selbst zwei Brüder gegeneinander auf.

Wasser stellte das größte Problem für die Leute von Xidan dar, besonders im Sommer. Das Wasser aus dem Bach Xars war weit entfernt. Bis es Xidan erreichte, hatte es sich um die Hälfte verringert. Zwölf Tage lang nahm der Agha sich Wasser, zwölf Tage dann die Leute von Xidan. Ihnen reichte das Wasser nie. Der Agha aber gab den Xidanern nichts ab, selbst wenn er keinen Bedarf mehr hatte. Er ließ es in das Bett des Kalesan laufen. Die Leute von Xidan gingen zu ihm, küßten ihm die Hände, den Saum seiner Kleider, brachten ihm jede Art von Ehrerbietung dar oder arbeiteten sogar auf seinen Feldern, dann vielleicht zeigte der Agha Großmut. Viele aber verkleinerten ihre Gärten, nur um den Agha nicht anbetteln zu müssen.

Wenn der Agha den Leuten von Xidan zürnte, verbot er den Zugang zum Brunnen, ließ niemanden heran, denn der Brunnen befand sich auf seinem Boden. Das konnte Tage, ja Wochen so gehen. Der Agha verhielt sich so wie *Yazid*, der damals in Kerbela *Hussein* das Wasser verweigert hatte.

So kletterten die Frauen den Hang des Kalesan hinauf, um dann mühselig zwei Kupfereimer mit Wasser nach Hause tragen zu können. Wenn die Frauen oben am Kalesan ankamen, stand ihnen der Duzgin noch größer, noch erhabener gegenüber. Sie hielten inne und verfluchten den Agha, dem sie diese Mühsal verdankten.

Die Rettung Hemedis war in allen umliegenden Dörfern voller Freude aufgenommen worden. Wenn zwei Dörfler sich trafen, sprachen sie sogleich davon: »Der Duzgin hat ihm geholfen.« »Ohne die Heiligen wäre er nie gerettet worden.« »Die, die ihm die Kugeln hinterherschickten, sahen ihn plötzlich nicht mehr.«

Hemedi war in aller Munde. Seine Flucht wurde zur Legende, und Firaz ging nun aufrecht. Sie war stolz darauf, seine Schwester zu sein. Die Dörfler brachten ihr jetzt mehr Achtung entgegen.

Der traurige Tod Ivrahims war nicht vergessen, und die Denunzierung Hemedis verstärkte den Haß. Die jungen Leute überlegten, was man dem Agha antun, wie man ihm schaden könnte. Hemedis engster Freund Imam Uschen und dessen Freunde beobachteten, hinter einem Felsen versteckt, die Sommerweide des Agha.
Fünf Augenpaare waren das. Nicht die kleinste Regung entging ihnen. Das Vieh war in die Ställe getrieben worden. Längst war es dunkel. Am Zugang zur Alm brannte ein großes Feuer. Die Flammen warfen ihr rotes Licht auf die Umgebung. Die fünf Freunde warteten. Allmählich brannte das Feuer herunter und hinter dem Hamik war der Mond aufgegangen. Die Hochebene war in fahles Licht getaucht. Manchmal unterbrach Hundegebell die Stille der Nacht. Die Bewohner der Alm lagen längst in tiefem Schlaf. Imam Uschen sprach: »Freunde, wir wissen, was für ein Mann der Agha ist. Er ist auf seiten derer, die unser Volk in Ketten legen und uns entehren wollen. Nach ihrer Pfeife tanzt er, ihr Agent ist er. Er steht an der Spitze derer, die Zwietracht in unserem Volk säen, und er stützt sich dabei auf die Regierung. Auch er ist ein Kurde wie wir, aber eine Schande ist er, dazu noch Ivrahims Mörder. Diesem widerwärtigen Agha können wir nichts anhaben, denn er steht unter dem Schutz der Herren. Aber wenigstens seinem Vieh können wir einen Schlag versetzen.« Hier unterbrach ihn einer der Freunde: »Und wenn man uns mit Waffen entgegentritt?« Imam Uschen zögerte einen Moment. »Kurdisches Blut hat den Fluß Haydaran rotgefärbt. Täglich werden Hunderte, Tausende unserer Menschen umgebracht. Die Städte und Dörfer sind zerstört.

Natürlich wollen wir nicht, daß unser Geschlecht ausgerottet wird, daß kurdisches Blut vergossen wird. Wir müssen dafür kämpfen, daß die Spuren der Kurden, die in Dersim gelebt haben, niemals ausgelöscht werden. Uns geht es hier um Memik Agha. Soweit wir gesehen haben, sind weder er noch seine Kinder auf der Alm. Wir werden uns bemühen, den Hirten kein Haar zu krümmen. Wir werden uns behutsam herantasten und sehr vorsichtig vorgehen.«

Nach ein paar Minuten des Schweigens sagte Imam Uschen: »Hat noch jemand eine Frage?« Als er keine Antwort erhielt, entschied er: »Dann gehen wir.« Er führte die Freunde an, und sie begannen, aus ihrem Versteck hinabzusteigen.

Auf der Alm des Agha und auf den Nachbaralmen schlugen die Hunde an. Je näher sie der Alm kamen, umso stärker wurde das Gebell. In der ganzen Hochebene lärmte es. Die Fünf fürchteten, die Hirten würden durch das Gebell aufwachen, doch sie gingen weiter. Kurz darauf erreichten sie die Alm.

Mit dem Finger am Abzug öffnete Imam Uschen das Gatter, und die anderen trieben die Tiere des Agha hinaus. Die Herde wurde durch die Dörfer der Kureschan getrieben, in die noch kein Militär hatte eindringen können. Sie ließen die Täler des Duzgin hinter sich und kamen in das Gebiet der Arean. Am dritten Tag näherten sie sich den Bergen von Haydaran und Demenan. Imam Uschen ließ an ihrem Vorhaben keinerlei Zweifel aufkommen. Er wußte, daß sie sehr vorsichtig vorgehen mußten, um das Vieh auf das gegenüberliegende Flußufer zu den dortigen Kämpfern zu bringen. Deshalb trieb er die Herde auf Wegen, die schwer zu erreichen waren, gleichzeitig aber ein gutes Versteck boten. Seine Freunde schickte er ständig auf Erkundung aus.

Dann bemerkten sie Soldaten. Die Nacht über warteten sie. Das Vieh war erschöpft, und diese Pause sollte ihnen selbst und dem Vieh Kraft zurückgeben.

Der Himmel hing pechschwarz über ihnen. Diese Finsternis kam ihnen gerade recht. Schon am Tage hatten sie besprochen, das Vieh über den Fluß zu setzen, bevor noch der Mond aufgehen würde. Sie begannen, an einer schwierigen Stelle zum Fluß hinabzusteigen. Der Abstieg war so steil, daß die Tiere fast auf ihren Hinterläufen hinunterrutschten. Bald hörten sie das Plätschern des Wassers. Zu dieser Jahreszeit führt der Fluß nicht viel Wasser. Selbst an der tiefsten Stelle läßt er sich bequem überqueren. Im Frühling jedoch läßt schon der Blick auf die Fluten vom Ufer aus den Menschen die Haare zu Berge stehen. Ein ohrenbetäubendes Getöse ist es dann, dem Donner gleich, als eile er, die Ebene von Mameki zu erreichen. Überschäumend springt er aus seinem Bett, ist flink, gewandt und lärmend, ein Abbild des kurdischen Charakters.
Imam Uschen und seine Freunde waren in Schweiß gebadet. Sie mußten das gegenüberliegende Ufer so schnell wie irgend möglich erreichen. Die Freunde waren schon drüben. Er selbst trieb die Tiere, die sich scheuten, in den Fluß. Von den Felsen am Ufer rauschte das Wasser und vermischte sich mit den Wellen, die an die Felsen schlugen. Sonst war nichts zu hören. Imam Uschen dachte: »Wir haben es bald geschafft«, als plötzlich Schüsse losbrachen. Sie hallten von den Felsen an beiden Ufern wider, und es schien, als werde tausendfach geschossen.
Imam Uschen warf sich auf den Boden. »Das Glück ist nicht auf unserer Seite. Ich muß Zeit gewinnen und die Soldaten aufhalten.«
Er begann, an den Boden gepreßt, zum Abhang zurückzukriechen. Die Soldaten hatten ihr Feuer verstärkt. Er konnte sich gerade noch hinter einen Felsen retten. Als er seinerseits schoß, stellte die Gegenseite das Feuer ein, um sich neu zu ordnen. Kurz darauf brachen neue Salven los. Ohrenbetäubender Krach dröhnte über dem Fluß Haydaran. Imam Uschen konnte nicht aus seinem Versteck heraus. Der Mond ging hinter den Bergen von Demenan auf, der Himmel funkelte hell, geschmückt mit Sternen.

Was für eine schöne Herbstnacht wäre es ohne die Soldaten und dieses Getöse gewesen. Vom Fluß her wehte ein warmer Wind.
Die Kugeln schlugen in den Felsbrocken vor ihm und ließen Splitter regnen. Er merkte, daß die Soldaten immer näher herankamen, und begann, den Abhang zu erklettern. Beim Kriechen klebte er fast am Boden. Es war, als sei die Zeit stehengeblieben, als kämpfe er seit Tagen schon. Imam Uschen begriff, daß die Lage sich jede Minute verschärfte. Deshalb nahm er all seine Kraft zusammen und versuchte, auf die Anhöhe hinaufzukommen. Er war kurz davor. Der Schweiß seiner Stirn mischte sich mit dem Staub und setzte sich auf seinem Gesicht fest. Plötzlich ertönte der Ruf: »Ergib dich!« Er war eingekreist, er verspürte Bitterkeit und lähmenden Druck, seine Welt hatte sich verdunkelt. Bei dem Gedanken, die Helden aus Demenan, seine junge Frau, seine Kinder nicht wiederzusehen, überfiel ihn ein Gefühl tiefen Schmerzes. Hemedi kam ihm in den Sinn, sein lieber, tapferer Freund Hemedi. Dutzende von Soldaten hatten ihn nicht aufhalten, die Kugeln ihm nichts anhaben können.
»Ob auch ich einen Ausweg finde?« fragte er sich, als er den kalten Stahl der Gewehre an seinem Körper fühlte.
Sie begannen, ihn erbarmungslos zu prügeln. Unteroffizier Gavur Ali war der Schlimmste. Er schlug voller Haß und Wut. Imam Uschens Körper wurde zu einem schmerzenden Klumpen.
Die Sonne strahlte bereits die Spitzen der Berge an, am Flußufer war es noch kühl und schattig. Imam Uschen war an einen Baum gebunden und wartete angespannt, was sie mit ihm vorhatten. Bis zum Morgen hatten sie ihn geprügelt, und jeder, der gerade vorüberkam, hatte zugeschlagen. Mehr als die Schläge aber hatten ihn die schweren Beleidigungen gekränkt. »Banditen sind die Kurden, Räuber, dreckige Kurden« waren die leichtesten darunter.
Als es heller wurde, sah Imam Uschen sich um. Er bemerkte, daß jemand in kurdischer Nationaltracht unter den

Soldaten war und wunderte sich, denn dieser lief frei herum. Er mußte einer der Niederträchtigen sein, die den Soldaten als Führer dienten, und voller Verachtung spuckte Imam Uschen aus. Als reiche die Macht der Soldaten nicht, mußten diese Unglücklichen ihnen auch noch helfen. Wer weiß, womit er dazu gebracht worden war.
Imam Uschen sollte zum Verhör ins Zentrum, zur Bataillonskommandantur gebracht werden. Sie warfen ihn auf einen Lastwagen. Mehr als zehn Soldaten begleiteten ihn. Gavur Ali fuhr den Wagen. Behäbig rumpelte der Lastwagen den Hang hinauf. Der Weg war löchrig und kurvenreich. Er war beim Kasernenbau angelegt worden, um den Nachschub zu sichern. Die Fluten, die sich im Frühjahr wie Blei von den schneebedeckten Bergen ergossen, ließen kaum etwas vom Weg übrig. So wurde er Jahr für Jahr ausgebessert. Dazu wurden die Kurden aus den umliegenden Dörfern mit Waffengewalt zusammengeholt und wie Gefangene zur Arbeit gezwungen, wie die mazedonischen Gefangenen, die Wege nach Rom hatten bauen müssen. Die römischen Sklaven waren längst Geschichte geworden, was aber die Armee hier tat, ließ Erinnerungen an sie wach werden.
Imam Uschen ging vieles durch den Kopf. Der Lastwagen hatte den Hügel erreicht, und der Duzgin war zu sehen. Glänzend lag er im Licht. Bleich wie er war, schien er majestätisch bis in den Himmel hineinzureichen. Sehnsucht überfiel ihn. Wie oft hatte er diesen Berg bestiegen. Jedes Jahr war er mit der ganzen Familie zu den heiligen Stätten gepilgert. Er konnte seine Augen nicht vom Duzgin wenden. Auf seinem sonnenverbrannten Gesicht gab es nicht die kleinste Falte. Sein kräftiger, langer Schnurrbart verlieh ihm trotz des seit einer Woche sprießenden Backenbartes eine männliche Schönheit. Hell war sein Antlitz. »Das Licht Hazreti Alis spiegelt sich auf seinem Gesicht«, hatte man oft gesagt. Er war nicht nur in Dere Lay beliebt, sondern auch in allen umliegenden Dörfern. Es gab niemanden, der ihn nicht mochte.

Der Lastwagen war nach Merga Qem gekommen. Gleich würde er Xidan gegenüber die Biegung hinauffahren. Seine Gedanken hatten Imam Uschen erregt. »Ich muß jetzt ruhig sein. Warum bin ich so aufgeregt?« tadelte er sich.
Die Hänge von Xidan waren lichtüberflutet. Die Stimmen der Kinder in Xidan übertönten selbst das Brummen des Lastwagens. Das waren seine Patenkinder. Alle Leute von Xidan nannten ihn Pate. Der Pate einer Person aus dem Dorf zu sein, bedeutete Pate aller zu sein.
Auf den Hängen gegenüber von Xidan herrschten graue, trübe Farben vor. Gebüsch, nicht höher als einen Meter, wuchs hier wie hingestreut. Überall sprossen Disteln und Tragant. Hier und dort stand niedriger Wacholder, er trug das kräftigste Grün.
Der Lastwagen bewegte sich parallel zum Flußlauf des Xars vorwärts. Imam Uschen hoffte, in der Kurve vor der Quelle des Xars die Gelegenheit zur Flucht zu bekommen. Er nahm all seine Kraft zusammen. Über die Soldaten hinweg, die um ihn herum saßen, ließ er sich aus dem Wagen fallen. Die Felsen waren durch die extremen Temperaturunterschiede zerklüftet und vielfach zu Sand und Kiesel geworden. Mit den Kieselsteinen rollte er hinab.
Die Soldaten waren mit sich selbst beschäftigt gewesen. Einer hatte geraucht, ein anderer ein Heimatlied gesummt. Keiner hatte sich um ihn gekümmert. Als sie sich von ihrem Schrecken erholt hatten, sprangen sie vom anhaltenden Wagen. Sie begannen ihn zu jagen.
Er versuchte, den Fluß zu erreichen. So hatte es auch sein Freund Hemedi gemacht. Er sprang über das Gebüsch und rannte, so schnell er konnte, den Hang hinunter.
Die Soldaten waren außer Atem, doch sie ließen nicht von der Verfolgung ab. Gerade als sie die Hoffnung aufgeben wollten, geschah es. Imam Uschen setzte über einen niedrigen Busch, als seine Schärpe sich löste, sich im Geäst verfing und ihn zu Boden stürzen ließ.
Nie war er ohne Schärpe aus dem Haus gegangen. Die Schärpe ließ seine schlanke Gestalt hoch aufragend er-

scheinen, einer Zypresse gleich. Auch an diesem Tag trug er die nationale Tracht. Sie ist bequem, man fühlt sich darin leicht wie eine Feder. Die Schärpe ist wie ein kurdischer Kilim aus lebhaften Farben geknüpft. Sie wird an einem Ende an einen Baum gebunden oder von jemandem gehalten und um den Bauch gewickelt, indem man sich hineindreht. Die Kinder wetteifern darin, ihren Müttern die Schärpen zu halten.
Als Imam Uschen vom Lastwagen sprang, hatte seine Schärpe sich an einem Ende gelockert, und er hatte beim Laufen nicht die Gelegenheit gefunden, sie zusammenzuraffen. Nun war sie im Gebüsch hängen geblieben und hatte zu seinem Sturz geführt.
Imam Uschen wollte aufspringen, doch die Soldaten hatten ihm schon den Weg verstellt. Sie richteten ihre Gewehre auf ihn und warteten mit dem Finger am Abzug. Gavur Ali kam fluchend herunter. In dem halbhohen Gebüsch war er kaum zu sehen. Als er Imam Uschen erreichte, dem die Soldaten die Hände auf den Rücken gedreht und gefesselt hatten, begann er ihn mit Stiefeltritten zu bearbeiten.
»Jetzt ist dein Ende gekommen, dreckiger Kurde! Ich werde dir schon zeigen, was es heißt, uns auszureißen!« Er zog seinen Dolch, rief seinen Soldaten zu: »Mensch, haltet ihn doch« und ließ sich auf die Knie nieder. Die Soldaten hielten Imam Uschen an Armen, Beinen und am Kopf fest. Gavur Ali verstand sich auf seine Sache. Geschickt führte er seinen scharfen Dolch. Während der Dolch immer wieder auf ihn niederstieß, schrie Imam Uschen wie wohl Hazreti Ali geschrien haben mochte. Wolf und Vogel, Fliege und Käfer, Schlange und Riesenläufer, alle Lebewesen Xidans schwiegen. Selbst die Sonne am Himmel blickte voller Zorn herunter.
Die Soldaten konnten Gavur Ali nicht aufhalten. Bei den Haaren ergriff er Imam Uschens schönen Kopf mit dem Gesicht, das jeder liebevoll angesehen hatte. Der Körper zuckte, die Füße hatten ein Loch in den Boden geschabt.

Die graue Erde war rot gefärbt. Seine Augen waren vor Entsetzen aus den Höhlen gequollen.
Gavur Ali machte sich auf den Weg, in der Hand den Kopf Imam Uschens.

In Xidan stiegen die Totenklagen der Frauen zum Himmel, die Männer weinten. Ihr geliebter Imam Uschen, ihr Pate war am hellichten Tag vor ihren Augen hingemordet worden. Ein Pate ist wie ein Bruder. Ein Pate ist ein Freund in dunklen Tagen, er gehört zur Familie. Paten verheiraten ihre Töchter untereinander nicht. Ehre, Ruf und Würde der Paten sind unantastbar. Xidan war stolz darauf, Imam Uschen zum Paten zu haben. Der Freund des Helden Hemedi, die Ehre Xidans war getötet worden.
Nachdem die Soldaten sich zurückgezogen hatten, liefen die Männer los. Sie fanden Imam Uschen hingestreckt, fielen auf die Knie, reckten ihre Arme dem Duzgin entgegen und flehten ihn an, diese barbarische Tat den Tätern nie zu vergeben. Nach ihnen kamen die Frauen. Sie rauften sich die Haare, zerkratzten ihre Gesichter und schlugen sich Steine an den Kopf.

»De bıra, de bıra
Imam Uşen'ım de bıra.
Ez kurvane bejna to wi
Imam Uşen'ım de bıra.
Esker, Imam Uşen'e ma sare bırno
De bıra, de bıra
Derde Imam Uşen ra
Kemer u dar ber vesano ...«

»Ach, Bruder, ach, Bruder,
ach, mein Bruder Imam Uschen.
Dessen Wuchs ich bewundert habe,
ach, Bruder Imam Uschen.
Die Soldaten haben unseren Imam Uschen getötet,
ach, Bruder, ach, Bruder

Um Imam Uschens Kummer willen
brennen Berg und Steine ...«

Die Klagen der Frauen füllten den Fluß Xars. Sie empfanden denselben Schmerz, wie damals für Hussein, als er in Kerbela umgebracht worden war. Sie warfen sich zu Füßen des kopflosen Körpers unter der glühenden Sonne und weinten.
Bevor die Leiche Imam Uschens in Dere Lay eintraf, war die schwarze Nachricht schon dort. Die Dörfler der Kureschan gaben ihrer tiefen Trauer durch Totenklagen Ausdruck. Seine Mutter, seine Frau und Kinder, seine Verwandten empfanden ohnmächtigen Schmerz.
Auch Hemedi war dort. Er wollte seinem engsten, seinem liebsten Freund die letzte Ehre erweisen. Doch dessen lichtes Antlitz sollte er nicht mehr zu sehen bekommen. Die Wut spiegelte sich auf Hemedis Gesicht. So verbittert war er nicht einmal gewesen, als sie ihm selbst den Tod bringen wollten. Seine Augenbrauen waren zusammengezogen, sein Gesicht bleich, als sei das Blut daraus gewichen. Er vergoß keine einzige Träne. Tief von innen kam sein unbeweglicher Blick.
Die Kurden beklagten ihren Toten.

»Daye sekero, kıle sekero
Imam Uşen'e mi cade yeno kora
Maye qedaye laze je to bijero bıko
Ez vanu, heris u sevkane na
Bejna rındekena to ra.

Laze cemerdu u civaniku
Qanune na dinara
Daye timra mirene
Ilam dest guretene, lingi guretene
Lingi guretene
Kardi ontene
Qersuna bebextu çixa ki zora.

Terkut ne şune desu ponc tenu
Dormero xorte mi gureto eva xayineni
Laze mi sare birno eva weşeni
Dest-boji kerde cendegi vera
Meyite Laze mi
Verdo tija payizi vera.«

»Mutter, was sollen wir tun, was sollen wir machen?
Vom Berg führt ein Weg herunter,
Mein Imam Uschen, ein Weg,
Deine Mutter gibt alles für einen Helden wie dich,
dessen stattlicher Wuchs dreißig Helden gereicht hätte.

Söhne deines tapferen Vaters, deiner tapferen Mutter,
man sah, wie sie umgebracht wurden,
von den Gesetzen der Welt
aber ganz unverzeihlich, ergriffen an Hand und Arm,
gefesselt die Füße,
das Messer gezogen,
Ach, wie bitter ist die Kugel der Niederträchtigen!

Ich ging und sah, wie fünfzehn Mann
ihn umzingelten, meinen Helden,
ihn meuchlings hinmordeten,
meinen quicklebendigen Sohn.
Deine Leiche, die Hände auf den Rücken gebunden,
den Strahlen der Herbstsonne überlassen.«

In jener Nacht schlief niemand in Dere Lay und Xidan. Frauen und Männer hatten sich getrennt in kleinen Gruppen versammelt und besprachen die Tat.
Auch in Memik Aghas Haus wurde über die Tat geredet. Dem Agha war jeder Appetit vergangen. Er legte sich früh zu Bett, richtete seinen Blick starr auf einen Punkt an der Decke und überließ sich dem Lauf der Zeit. Yemosch hörte die Totenklagen der Frauen von Xidan. Sie wußte, wie sehr sie von Herzen kamen, und gab ihnen recht. Ohne

Unterlaß murmelte sie Gebete und flehte die heiligen Stätten an.
Alle im Haus des Agha waren bedrückt. Niemand sprach ein Wort, jeder hing dunklen Gedanken nach. Die Sache war nach dem Mord an Ivrahim aus der Bahn geraten, die Ereignisse hatten sich überschlagen. Selbst der Agha war vom Ausmaß und der Geschwindigkeit überrascht.
In Dersim herrschte in jenen Tagen ein wildes Durcheinander. Überall roch es nach Pulver und Blut. Trotz allem fühlte der Agha sich noch in Sicherheit. Er war froh, sich auf die Seite des Stärkeren geschlagen zu haben. Oft war er stolz darauf, so schlau gewesen zu sein. Er hatte sich die Unterstützung des Militärs gesichert, wo er inzwischen einen Ruf genoß. Vor Wut auf die aufständischen Stämme aber lief ihm oft die Galle über.
Er lief im Zimmer auf und ab, die Hände auf dem Rücken ineinander verschränkt, und murmelte vor sich hin. Man hatte ihn nie vorher beten hören. Es war ihm ja nie zuvor schlecht ergangen. Er hatte das Beten nicht gelernt und auch nie die Notwendigkeit dazu verspürt. Nun wandte er sich seiner Frau zu: »Yemosch, du betest viel zuviel für eine Person allein. Selbst für unsere Kinder und Enkel ist das zuviel. Der Rest ist doch für mich, oder?«
Kleinlaut erwiderte seine Frau: »Ich bete für alle in der Familie, auch für dich. Wir sind doch ein Leib, eine Seele. Wie könnte ich denn da trennen?« Darauf sah der Agha seine zermürbte Frau an, als wolle er ihr danken, daß sie ihm so viele Kinder geboren hatte. Später auf seinem Nachtlager jedoch dachte er an seine Einsamkeit, daß Yemosch doch nur einer faulen Honigmelone glich und zu nichts mehr taugte als zum Beten. Seit Jahren schon ging er nicht mehr mit seiner Frau ins Bett. Diesem Bedürfnis des Agha mußte die Magd Kemiz abhelfen.

Als der Agha am nächsten Morgen aus dem Gästezimmer trat, sah er seine Kinder, Schwiegertöchter und Enkel in eigenartiger Regungslosigkeit herumsitzen. Mit leeren Au-

gen sahen sie ihn an. Sobald sie ihn erblickten, erhoben sie sich. Die Schwiegertöchter zogen sich zurück, und seine Söhne lehnten sich an die Hauswand. Der Agha nahm einen Hocker und setzte sich mit dem Rücken an den Stamm des mächtigen Maulbeerbaumes, dessen Rinde von tiefen Furchen gezeichnet war. Schräg schien ihm die Sonne ins Gesicht. Das Obst im Garten stand in jenem Jahr wunderbar. Die Äste der Bäume hingen schwer bis auf den Boden, es herrschte eine nie dagewesene Fülle.
Memik Agha sonnte sich lange. Sein Körper entspannte sich. Im Kopf jedoch hatte er seinen Sohn Mursa, an den er, nachdem seine Herde entführt worden war, kaum gedacht hatte. Nun beschloß er, zu Saadettin zu gehen, und stieg gemächlich den Hang des Kalesan hinauf.
Er sah Saadettin in seinem kleinen Laden hinter dem Schreibtisch stehen. »Selam Aleyküm, Saadettin Efendi!« Saadettin richtete seinen Blick auf Memik Agha, es fiel ihm schwer zu antworten, weil er stotterte. Der Agha war bekümmert. Saadettin merkte es und bemühte sich gleich, die neuesten Nachrichten aufzuzählen. »Mursa soll es sehr gut gehen, der Gefängnisdirektor bringt ihm angeblich Lesen und Schreiben bei. Du siehst, es ist eher eine Schule für ihn als ein Gefängnis, es fehlt ihm an nichts. Unsere Leute besuchen ihn und bringen ihm alles, was er nötig hat.« Doch Saadettin sah keinerlei Veränderung im Gesicht des Agha und fragte: »Agha, freust du dich nicht?« »Doch, danke, mein Freund. Ich vertraue dir.«
Saadettin wußte, daß der Verlust seiner Herde Memik Agha sehr betrübt hatte. Darüber hatten sie oft gesprochen. Noch einmal versuchte er, den Agha zu erfreuen. »Agha, vertrau auf den Staat. Das Militär kennt dich gut. Jeder weiß, daß sie dein Vieh entführt haben, weil du auf seiten der Soldaten stehst. Und die sind nicht undankbar. Warte nur, es wird nicht lange dauern, dann geht alles seinen Weg. Hab ein wenig Geduld.«
»Bringt mir die Geduld vielleicht mein Vieh zurück?«
»Agha, nach den letzten Meldungen ist der Widerstand

der Banditen kurz vor dem Zusammenbrechen. Wenn die Leute von Demenan fallen, fällt Dersim wie die Glieder einer Kette auseinander. Unsere junge Republik hat das gesamte Vermögen der kämpfenden Stämme konfisziert. Es gibt wilde Herden in den Bergen. Du wirst sehen, du bekommst mehr zurück, als dir überhaupt weggenommen worden ist, denn du stehst ja auf der Seite der Regierung. Wenn sie es dir nicht geben, wem denn dann?«
Der Agha sah erleichtert aus. Sein Selbstvertrauen kehrte zurück. Nachdem er ein paar Gläser Tee getrunken hatte, wollte er auch mit dem Hauptmann sprechen. Er stand auf und ging zur Kaserne, die blendend weiß dalag.
Hinter den kalten Mauern der Kaserne fühlte er ein Schaudern. Vor dem Hauptmann nahm er seine Schirmmütze ab und verbeugte sich. Hauptmann Ali Fethi musterte ihn. »Willkommen, Agha.« »Danke, Ali Fethi Bey.« »Wir haben den Dieb deiner Herde erwischt, Agha.«
Der Agha tat, als wüßte er noch nichts davon. Dabei trug ganz Xidan ja deswegen Trauer. Hatte er sich etwa nicht die Totenklagen anhören müssen?
»Wer ist es denn, um Gottes willen?« »Du wirst es gleich sehen.«
Er befahl dem Wachtposten, Unteroffizier Ali zu rufen. Unteroffizier Ali schlug seine Hacken zusammen und grüßte den Hauptmann, der zu ihm sagte: »Bring ihn her, den Erwischten!« »Zu Befehl, Kommandant!«
Wenig später betrat Unteroffizier Ali mit einem Beutel in der Hand wieder den Raum. Der Hauptmann wies mit den Augen auf den Beutel und sprach zum Agha: »Hier, der wurde erwischt, als er dein Vieh über den Haydaran-Fluß trieb.«
Der Agha stellte sich dumm. Er tat, als sähe er nichts, so daß der Hauptmann sagte: »Zeig ihn uns, Unteroffizier Ali, zeig ihn vor, damit der Agha seinen Feind zu sehen bekommt.«
Unteroffizier Ali zog den abgeschnittenen Kopf an den Haaren aus dem Beutel. Dem Agha war es, als würden

ihm hundert Kübel erst heißen, dann kalten Wassers über den Kopf gekippt. Er schaute hin und drehte dann abrupt seinen Kopf weg. Er hatte Imam Uschen oft gesehen. Aber wie sehr erschreckte ihn dessen abgeschnittener Kopf. Ein letztes Mal richtete er seinen Blick auf die Augen, die wie Glaskugeln aus den Höhlen hervorgetreten waren. Dann wandte er sich ab.
»Der ist es also«, sagte er mit blutleerem Gesicht. Der Agha fürchtete, ohnmächtig zu Boden zu stürzen, wenn er noch länger bliebe. »Sie erlauben, Herr Kommandant«, sagte er und trat auf den Korridor hinaus. Er taumelte. Wie betrunken wankte er schlingernd nach Hause. Bei jedem Schritt stand ihm der abgeschnittene Kopf vor Augen. Er konnte weder an die Herde noch an irgend etwas anderes denken. Er überlegte nur, wie er sich vor diesem Kopf retten könnte. Er glaubte, in einer schwarzen, einer pechschwarzen Wolke zu schwimmen. Betäubt schritt er aus. Seine Füße trugen ihn mit gewohnten, mechanischen Schritten, mit der Gewohnheit von sechzig Jahren. Er sah nichts um sich herum. Seine Augen waren auf einen Punkt in weiter Ferne gerichtet. Sein Schnauzbart, den er immer voller Stolz gezwirbelt hatte, hing wirr und kraftlos herab, und als er zu Hause anlangte, faßten seine Kinder ihn unter den Armen und brachten ihn zu Bett.

Es war der Tag nach dem Mord an Imam Uschen. In der kühlen Morgenfrische hatten die Frauen die Schläuche in die Gerüste gehängt und zu buttern begonnen. Die Witwe Beser, Hemedis Schwester Firaz, Zeyne und Zere hatten sich nebeneinander aufgestellt. Mit gleichmäßigen Bewegungen schwenkten sie die Schläuche vor und zurück. Die Geräusche gingen ineinander über, als schwinge nur ein Schlauch.
»Gestern konnte ich endlich schlafen. Es muß wohl vom Weinen und von der Erschöpfung gekommen sein, wie sonst könnte jemand ein Auge zutun, bevor noch das Blut unseres Imam Uschen getrocknet ist. Ach, mein Imam

Uschen. Ich habe geträumt«, sagte Zere. Sofort ließen alle von den Schläuchen ab und drängten sich um sie. Wie aus einem Munde riefen sie: »Hoffentlich etwas Gutes!« »Das Gute sei bei euch«, sagte Zere und begann zu erzählen: »Ich träumte von meinem verstorbenen Vater, von seinem lichten Antlitz, seinem weißen Bart. Er sah ausgeruht aus, sauber, blitzblank und ziemlich lebendig. Wir sind auf der Sommerweide an den Hängen des Duzgin. Er sagt zu mir: Mädchen, warum gehst du nicht nach Hause? Und plötzlich ist es Winter. Dunkle Wolken ziehen auf. Ich gehe zu ihm, will ihn umarmen, ihn küssen. Jetzt ist es nicht mehr mein Vater, sondern der Alte aus Demenan. Plötzlich ist die ganze Alm in Aufregung. Wir beginnen mit dem Abtrieb. Ein Spektakel, ein Lärm steigt zum Himmel. Wir können unsere Tiere nicht zusammentreiben. Wohin ich auch sehe, überall Wölfe. In Rudeln sind sie gekommen und springen nun auf uns los. Gerade als einer mich anspringt, kann ich in meiner Angst plötzlich fliegen! Nun treiben wir in aller Eile das Vieh, dessen wir habhaft werden können, am *Kemere Eli* vorbei und kommen ins Dorf. Es war heller Tag. Als wir aber von Merga Qem nach Pirepes kommen, verdunkelt sich die Welt plötzlich, wird finster wie ein Kerker. Man sah die Hand vor den Augen nicht mehr.«
Hier griffen die Frauen ein: »Oh, Duzgin! Oh, Xizir! Nimm dich unserer Familien, unseres Volkes an! Laß unsere Welt nicht in Finsternis versinken!«
Zere erzählte ihren Traum weiter: »Bei dem Hang, der nach Pirepes hinunterführt, genau an der Stelle, wo Gott unseren Märtyrer Imam Uschen zu sich nahm, ja, genau an der Stelle war es, da erschien in der tiefen Finsternis plötzlich ein Lichtstrahl, wie ein Blitz. Sich krümmend wand er sich zum Himmel empor. Plötzlich öffnete ich meine Augen.«
»Imam Uschen ist zu Licht geworden, um zu den Vierzig zu stoßen!«, sagte Firaz, und während die Frauen ihre Schläuche weiterschwenkten, murmelten sie Gebete.

Der Ort, an dem Imam Uschen ermordet worden war, war innerhalb weniger Tage zu einer Pilgerstätte geworden. Oft sahen die Dörfler dort Kerzen brennen und erzählten einander, hier würden Engel ganz in Weiß erscheinen. Das Gebüsch dort wurde in den kurdischen Farben Rot, Gelb und Grün geschmückt. Der beliebte Imam Uschen, der Pate Imam Uschen, war zum jüngsten Heiligen der Xidaner geworden. Bei einer Lüge konnte man seinen Namen nicht mehr aussprechen. Man schwor bei seinem Namen, und die Verehrung des Imam Uschen aus Dere Lay übertraf die des *Enkels von Mohammed*, jenem Imam Uschen, der in Kerbela gefallen war.

Die Leute von Xidan dachten nicht an den bevorstehenden Winter, sie dachten auch nicht daran, wie sie den vergangenen, langen und harten Winter überstanden hatten. Alle sorgten sich nur um eines: »Werde ich meinen Platz auf Noahs Arche halten können?« Ihre Gesichter kannten das Lachen nicht mehr. Freude war ihnen ein Fremdwort geworden. Ihre Hoffnung zu überleben war so schwach wie die Hoffnung eines Menschen in der Wüste, dessen Lippen vor Durst bereits aufspringen. Kein Hoffnungsschimmer, keine Oase war in Sicht.
Sonst waren diese Herbstmonate die arbeitsreichste Zeit für die Dörfler. Blätter schneiden, Heu und Stroh in die Schober einlagern, die Mühle auf das Dach transportieren, Fleisch trocknen, *Kavurma* und *Pestil* herstellen und tausend andere Arbeiten waren zu verrichten. Nach dem Mord an Imam Uschen aber waren die Dörfler wie gelähmt. Sie lebten in stummer Verzweiflung.
Es war ein kalter Tag. Trotzdem scheuten sich die Xidaner, sich in ihre mit dicken Steinmauern umwandeten Häuser zurückzuziehen. Selbst in ihren mit eigener Hand erbauten Behausungen ließ die Furcht sie nicht los. Sie saßen vor der Tür oder auf den Dächern, jeden Augenblick bereit, auseinanderzulaufen und zu flüchten. Die täglich eintreffenden Meldungen waren zum wichtigsten Bestandteil ihres Lebens geworden. »Die Soldaten sind auf den Berg Zel gestiegen.« »Demenan ist eingekreist.« »Die Menschen in den Höhlen sind verbrannt worden.«
Nachrichten waren das, die in Angst und Schrecken versetzten, die Kraft und Lebensmut zunichte machten, eine schlimmer als die andere.

Als die Hunde anschlugen, horchten alle auf. Die Männer sprangen auf die Füße. Schemenhaft sahen sie jemanden von Pule Qiz kommen, und erst als sie erkannten, daß es kein Soldat war, beruhigten sie sich.
Der Fremde war von Hunden umringt, als er Cafirs Haus erreichte. »Nehmt mich als Gast auf«, sagte er, und Cafirs Frau bat ihn herein. Gleich waren die Kinder um ihn. »Apo kot ra yena? Onkel, woher kommst du?« »Ich komme aus Demenan«, antwortete er, und wer es hörte, sperrte die Ohren weit auf. Alles lief herbei. Kurz darauf war das Haus überfüllt.
Wie üblich bildeten die Männer einen Kreis um den Gast. Die Frauen hielten sich an der Tür und hörten von dort den Gesprächen zu. Er aß Brot mit Joghurt, nebenbei erzählte er. »Ihre Attacke von Kutu Dere haben wir sie schön bereuen lassen. Die Soldaten hatte man in Scharen dorthin abkommandiert. Wir ließen sie nicht durch. Ich glaube nicht, daß eine einzige unserer Kugeln ihr Ziel verfehlte. Wir brachten ihnen große Verluste bei, und sie mußten sich schließlich zurückziehen. Aber der Feind ist sehr stark, nicht nur zahlenmäßig, auch an Munition, an Flugzeugen. Wo sie nicht eindringen können, bombardieren sie aus der Luft. Auch vom Boden aus schicken sie Bomben. Unsere Dörfer wurden niedergebrannt, dem Erdboden gleichgemacht. Unsere unschuldigen Menschen wurden ermordet. Dieses Massaker dauert noch an.«
Der Mann aus Demenan seufzte, ihm war alles gleichgültig. Nur gegen den Tod schien er noch anzukämpfen. Haare und Bart waren ineinandergewachsen, schmutzig war er von oben bis unten. Er war einer der Jungen, die schnell gealtert waren. Eine Weile schaute er in das Feuer, das im Ofen prasselte. Die Qualen, die er gesehen und selbst erlebt hatte, standen in seinem Gesicht.
»Als wäre das nicht genug, führen die Stämme der Arean und Alan die Soldaten noch an. Sie stellen ihnen die Miliz und zeigen ihnen das Gelände. Sie haben ihnen die Höhlen gezeigt, in denen wir uns versteckt hatten. Betonmau-

ern haben die Soldaten dann vor die Höhleneingänge gezogen, und unsere Kinder, Frauen und Alten verschmachteten bei lebendigem Leibe. Wo sind bloß unsere Weisen, unsere Führer geblieben? Es ist leicht, in ruhigen Zeiten Almosen zu verteilen. In schweren Zeiten aber, wenn Hilfe vonnöten ist, läßt sich niemand blicken. Auch der Stamm der Yusufan hat sich auf die Seite des Militärs gestellt. Ihre Schwüre, ihre Versprechen waren nur hohles Geschwätz.«
Niemand sagte ein Wort. Der Mann aus Demenan wirkte bedrückt. Bis zu jenen Vorfällen hatte er nur aufrichtige, ehrliche Menschen gekannt. Er hätte nie geglaubt, daß es so viel Niedertracht in Dersim gibt. So viel Heimtücke war neu für ihn. »Wir waren mit einer Gruppe mehrerer Leute in eine Höhle gegangen. Sie hatte einen Hinterausgang. Wir begriffen, daß die Soldaten vorhatten, die Höhle einzunehmen und uns zu vernichten. Wir durften nicht eine Kugel verschwenden. Sie waren zum Sturm auf die Höhle gekommen und fanden sich schließlich selbst am Boden. Hinter ihnen wurden neue herangeführt. Um einen Schritt voranzukommen, nahmen sie den Verlust Dutzender Menschen in Kauf. Der unmenschliche Offizier, der hinter der Sache steckte, regte sich nicht in seinem Versteck. Wir dachten, wenn der Offizier umkommt, lassen die Soldaten uns in Ruhe. Unser sicherster Schütze wartete auf ihn. Als er sich ein wenig aufrichtete, um einen neuen Befehl zu erteilen, schlug er getroffen zu Boden. Die Soldaten nahmen ihren Offizier, dessen Schultern sternengeschmückt waren, zwischen sich und zogen sich zurück.«
Mit zitternder Stimme fuhr er fort: »Wie viele tapfere Menschen habe ich sterben sehen, wie viele Helden ... Ich bin nicht ein Härchen ihrer wert. Sie schlugen sich aufopfernd. Die Soldaten hatten nicht die Kraft, in unsere Berge einzudringen. Durch die Niedertracht einiger Stammesführer aber legten sie viele von uns lahm. Wir wußten nicht mehr, gegen wen wir eigentlich kämpften. Was soll man

machen, wenn der Nachbar plötzlich auf seiten des Feindes steht?«
Der Mann aus Demenan erzählte bis in die späte Nacht hinein. Den Xidanern wurde klar, daß Demenan gefallen war. Nun stand der Kampf vor ihrer Tür. Auf der einen Seite stand der Staat, ausgerüstet mit den modernsten Mordmaschinen, auf der anderen Seite das schutzlose, unbewaffnete Volk.

Memik Agha bangte. Wenn er an die Ereignisse dachte, zitterte er wie ein vom Fieber Geschüttelter. Angst hatte er wie nie zuvor. Er kannte sich selbst nicht mehr. »Fürchtet Memik Agha sich?« fragte er sich. »Ja, er hat Angst. Und wie! Uyy babo lemin, was für ein Unglück! Bringt man denn den Bertal von Civrak um? Oder haben diese Kerle sich geirrt? Werden sie denn auch die ermorden, die auf ihrer Seite stehen? Bertal, der für den Staat war, der dem Militär in allem half! Sein Stamm war es, der damals Scheich Said hinterrücks umgebracht hatte. Wie können sie jetzt Bertal ermorden, samt seiner ganzen Familie? Das ist völlig unbegreiflich!« Wer heute Bertal tötete, warum sollte der nicht morgen auch ihn umbringen?
Während er diese Gedanken wälzte, suchte er sich zu trösten: »Der war Bertal Agha, ich dagegen bin Memik Agha. Die Offiziere achten mich. Sie reißen sich darum, mir Tee und Kaffee auszugeben. Sie müssen begriffen haben, daß ich auf ihrer Seite stehe. Geduld, Memik!«
Stundenlang zog er sich in ein Zimmer zurück, schob von innen den Riegel vor. Manchmal ging er auf und ab, manchmal setzte er sich auf das mit Kissen belegte Bänkchen vor dem Fenster und betrachtete seinen Obstgarten. Der Agha hatte in einem Gespräch mit Saadettin Efendi erfahren, daß Bertal Agha aus Civrak mit sechsundsechzig seiner Verwandten in Pule Kewl erschossen worden war. Bertal war sein Freund gewesen. Sechsundsechzig Personen, unter ihnen Frauen, Mädchen und Kinder, waren umgebracht worden. Mit einem Schlag war Bertals

Sippe ausgelöscht. Tat es dem Agha leid? Nein. Er dachte an sich selbst. Man sprach von ihrer Freundschaft. Memiks Gesicht wechselte die Farbe. Saadettin hatte verstanden, was in ihm vorging: »Memik Agha, du hast keine Schuld. Es gibt keinen Grund zur Sorge für dich. Mach dir nicht sinnlos Gedanken.« Memik Agha erwiderte: »Saadettin Efendi, Bertal Agha war der Führer des Stammes der Xormek, das weißt du so gut wie ich. Dieser Stamm stand bis jetzt hinter dem Staat. Beim Aufstand von Scheich Said schlug er die Kurden. Und dann, wie soll ich sagen, dann machte er gemeinsame Sache mit dem Militär. Wenn die Soldaten so jemanden umbringen, dann werden die auch uns töten. Du bist mein Freund, mein Augenlicht bist du. Sag, wenn dir Gott etwas wert ist, gibt es etwas, was du mir verheimlichst?«

»Ich schwöre dir bei meinem Vater, Gott hab ihn selig, es gibt nichts, was ich vor dir verheimlichen würde. Um ehrlich zu sein, diese Sache mit Bertal Agha begreife ich auch nicht. Es kommt, wie es kommen muß, sagt man. Jeder steht und fällt wie es ihm bestimmt ist. Manchmal erwischt es auch einen Unschuldigen, wenn er neben einem Schuldigen steht. Was sollen wir machen? Es tut mir wirklich leid, denn es war nett, sich mit Bertal zu unterhalten. Aber was geschehen ist, ist geschehen. Wenn der Finger dem Religionsgesetz gemäß abgeschnitten ist, tut er nicht mehr weh, sagt man doch. Und ich sage, wenn der Staat ihn abhaut, tut er auch nicht mehr weh. Selbst wenn es falsch war, bleibt uns nichts als zu warten. Außerdem ist deine Lage ganz anders. Mach dir keine Sorgen, nicht um dich, nicht um deine Familie!«

Saadettin kniff ein paar Mal seine kleinen Augen zusammen, bewegte den Mund, als wolle er sprechen, und konnte erst dann fortfahren: »Außerdem wissen alle Offiziere, daß ich mit dir befreundet bin. Wenn irgendwas passiert, Gott verhüte es, schreiten wir sofort ein.«

Der Agha hatte seine Ruhe verloren. Er war ein zerstreuter, grübelnder Mensch geworden. Auf dem Markt verlangte er unter dem mächtigen Maulbeerbaum von jedem, der sich wie er für den Staat aussprach, eine Einschätzung der Geschehnisse.

An Schlaf war für den Agha nicht zu denken. Sechsundsechzig Personen. Frauen, Mädchen, Jungen, alt und jung, sechsundsechzig Menschen. Der Stammesführer Bertal! Großzügig erhöhte der Agha seine Hilfe für das Militär. Er hoffte, sich so retten zu können. Über Ali Fethi, der die meiste Unterstützung von ihm erhielt, dachte er: »Wieviel rohe Milch er auch getrunken haben mag, Hauptmann Ali Fethi ist doch ein Mensch. Nach so viel Speise und Trank, die wir zusammen genossen haben, wird er mir nicht das gleiche antun wie Bertal. Ich habe ihnen meine besten Felder überlassen, damit sie dort Gärten anlegen können. Als der türkische Staat in Gefahr war, habe ich mit dem Führer der Lolan ein *Telegramm nach Lausanne* geschickt: Wir wollen mit den Türken zusammenleben. Auch das habe ich getan. Es kann also nicht sein, sie können mir nichts antun. Den ganzen Aufstand über bin ich nicht von der Seite des Staates gewichen und habe sogar eine Menge Schaden in Kauf genommen. Jemanden, der einem in dieser Weise zu Diensten ist, tötet man doch nicht.«

Die Ermordung Bertal Aghas und seiner Familie war in aller Munde. Wie kam es, daß die Armee jemanden umbrachte, mit dem sie so gut ausgekommen war? Wie würde sich der Stamm der Xormek nun verhalten? Würden sie den Mord an ihrem Führer einfach wegstecken? Fragen über Fragen, und jeder tat seine Meinung kund, die Dörfler, die nie aus ihrem Dorf herausgekommen waren, ebenso wie die, die schon in Harput, in Erzincan gewesen waren. Der eine zog eine Verbindung zum Zorn der heiligen Stätten, der andere hielt es für eine Folge der Kollaboration: »Der Beruf fordert Opfer.« Besonders nachdenklich aber stimmte sie, daß nicht nur der Agha umgebracht worden war, sondern alle Mitglieder seiner Familie.

Bei den Aghas brach Panik aus. Die staatlichen Kräfte, mit denen sie sich noch gestern gut standen, wandten sich plötzlich gegen sie. Nachdem der Widerstand der Stämme im westlichen Dersim und in Demenan gebrochen war, war nun der Osten das Angriffsziel. Die Stammesführer im östlichen Dersim sahen sich überrumpelt.
Viele in Xidan wünschten aus vollem Herzen, daß Memik Agha das gleiche zustieße wie Bertal Agha. »Dieser Kerl hat uns nicht wenig leiden lassen, hoffentlich nimmt auch er das Ende, das der Agha der Xormek gefunden hat«, meinte Hidir, und die anderen stimmten ihm zu. »Ein Tyrann ist er. Läßt das Wasser im Sande verlaufen. Gerade weil wir es dringend brauchen, gibt er es uns nicht«, sagte Sileman, als Cafir ihn unterbrach: »Was sprichst du von Wasser? In Demenan fließt das Blut wie Wasser. Die Gemordeten sind unsere Brüder. Und was tun er und seinesgleichen? Spazieren tagein tagaus mit den Offizieren herum, stellen Milizen, die den Soldaten vorausgehen. Die haben keine Ehre mehr, kein bißchen Menschlichkeit. Die denken nur an ihr eigenes Wohl, an das Auskommen ihrer Familien. Sie stellen sich gegen die Einheit der Stämme. Je uneiniger wir sind, umso leichter halten sie uns unter Druck.«
Als Sadik, der Älteste unter ihnen, zu sprechen begann, verstummten alle. Er wies mit der Hand zum Duzgin: »Er sieht alles. Zweifelt an allem, aber nicht an seiner Gnade. Haben diese Verräter je versucht, aus den Quellen des Duzgin zu trinken? Sie wissen, daß sie ihnen unter den Händen versiegen würden. Sie wissen genau, daß ihnen jenes heilige Wasser nicht zusteht, nicht für sie bestimmt ist. Der Duzgin kümmert sich um das Recht der Armen. Die Klagen unserer Menschen, deren Weise und Führer in Demenan umgebracht wurden, werden sich eines Tages ihren Kehlen entringen.«
Während die Männer Xidans über den Agha schimpften, hatten sich die Frauen in einer anderen Ecke versammelt und sprachen unter sich. »Die Frauen von Demenan sol-

len sich in die Schluchten gestürzt haben, um den Soldaten nicht in die Hände zu fallen.« »Sie sollen ihre Babys eigenhändig in den Haydaran geworfen haben. Und sie sollen genauso tapfer gewesen sein wie die Männer. Um nicht gefaßt zu werden, haben sie auch Hand an sich selbst gelegt. Wer den Soldaten dennoch in die Hände gefallen ist, hat Schlimmeres als den Tod durchgemacht.«
Die Witwe Beser, die die Reden aus einer Ecke verfolgte, fragte: »Und was sollen wir machen? Habt ihr darüber nachgedacht?« »Lieber sterbe ich, aber von den Soldaten lasse ich mich nicht gefangennehmen!« antwortete Firaz. »Gut, und was wird aus unseren Töchtern?« Sie alle hatten Töchter. Mit all den Problemen saßen sie da und schwiegen. Ja, Demenan rückte näher.
Obwohl es schon dunkel geworden war, saßen die Frauen noch immer vor ihren Häusern. Die Berge ließen nur noch ihre Silhouetten erkennen. Auf dem Gipfel des Duzgin schimmerte schwaches Licht. »Am besten flüchten wir uns in diesem Tumult zu ihm«, sagte Zere, und alle stimmten zu. Sie wandten sich zum Duzgin und begannen zu beten.

Yemosch sah, daß ihr Mann unerträglich geworden war. Sie faßte ihr Unbehagen in Gebete. Morgens stand sie sehr zeitig auf und verschwand hinter dem Haus. Hier wandte sie sich dem Duzgin zu, der zwischen den kahlen Gipfeln des Koje Sov zu sehen war.
Voller Bewunderung schaute sie mit liebevollen, zärtlichen Blicken auf ihn, der lichtumflutet dalag. Als die Sonne behutsam ihre ersten Strahlen über den Koje Ser nach Xidan sandte, wandte sie sich ihr zu.
Sie hatte keine Tränen mehr. Früher hatten sie sich wie Ströme aus ihren Augen ergossen. Wenn sie schlecht geträumt hatte, weinte sie mit Bitten an die heiligen Stätten, den Traum doch gut auszulegen. Wenn neben ihr jemand weinte, hatte auch sie zu weinen begonnen. Als sie die Totenklagen der Xidaner Frauen für Imam Uschen gehört hatte, hatte sie ihnen gelauscht und mit ihnen ge-

trauert. Hätte sie sich nicht vor dem Agha gefürchtet, sie hätte mit ihnen geweint und geklagt.
Sie traute sich nicht einmal, mit den zum Brunnen kommenden Frauen von Xidan zu sprechen. Sie sehnte sich nach Fate. Oft dachte sie an ihre Tochter. »Was macht sie wohl? Schlägt Çavdar sie noch?« Wie gern wäre sie an Fates Seite gewesen. Doch Memik Agha ließ sie nicht gehen, denn Fate war der Schandfleck der Familie.

Der Winter stand vor der Tür. Jeden Tag konnte es zu schneien beginnen. Dann würde die Welt in Weiß gehüllt sein. Die Nachricht vom Schnee überbringt der Duzgin. Eines Morgens würden sie sich zum Duzgin wenden, um zu beten, seine weißen Schläfen würden ihnen auffallen, und sie wüßten, der Schnee würde bald fallen.
Der Winter ist hart in Xidan. Die Frauen müssen jedes Brot dreimal umdrehen. Es reicht nicht, um bis zum Frühling durchzuhalten. Sie würden auch nicht davon satt werden, daß der Schnee schmölze und die Berge einen farbenprächtigen Blumenschmuck trügen, nein, die Sorgen, der Kampf ums Überleben würde andauern, bis die Pflanze, die sie Helige nannten, Blätter trug.
»Die Helige wächst, nun werden wir nicht mehr sterben!« rufen die Kinder. Der Tag, an dem die Helige aufgebrüht wird, ist für alle ein Freudentag. Die Angst ist ausgestanden. Die Helige wächst dann überall. Der Hang, an dem Imam Uschen ermordet wurde, wird dann übersät sein damit. Die Kinder werden ihre großen frischen Blätter vorsichtig pflücken. Mit ein wenig Wasser werden sie aufgekocht, bis es schäumt. Dann wird das Wasser herausgepreßt, und sie werden in Fett gebraten. Mit Ei und Knoblauch überbacken munden sie noch besser, und lange Zeit wird die Helige dann die einzige Speise der Xidaner sein. Später wachsen auch andere Pflanzen, von denen viele eßbar sind. So sind die Berge von Dersim ein Segen Gottes. Mit dem Frühling kehren Leben und Farbe in die Gesichter der Menschen zurück.

Die Menschen hassen den Winter. Der Winter bedeutet Kummer. Werden wir den Frühling sehen? Werden die Kinder und Alten überleben? Wird den Tieren Heu und Stroh reichen? Auch Krankheiten häufen sich. Kinder und Alte sterben wie die Fliegen. Der Winter dauert oft sehr lang, und wochenlang halten die Schneestürme an. Einstöckige Häuser werden manchmal ganz vom Schnee bedeckt. Um aus dem Haus herauszukommen, um das Tageslicht zu sehen, wird dann von innen ein Loch geschaufelt. Der Brunnen arbeitet nicht mehr. Man schmilzt Schnee, und Mensch und Tier trinken dieses Wasser.
Um den Gipfel des Duzgin heulen die Stürme. Das hört sich wie Trommelfeuer an, wie Heere, die sich schlagen. Die Dörfler werten dieses Getöse als gutes Zeichen. Sie sagen, der Duzgin kämpft, um ihre Kinder und Enkel von den Besatzern zu befreien, den Winter zu vertreiben, Krankheiten davonzujagen und Wohlergehen und Gutes zu bringen.
Der Duzgin ist allem gewachsen. Deshalb wird er so sehr verehrt. Wenn die Menschen zu seinen heiligen Stätten pilgern, ziehen sie in seinen Tälern die Schuhe aus. Bis sie den Gipfel erklettert haben, sind ihre Füße blutig gerissen. Aber für ihn würden sie noch ganz anderes auf sich nehmen.

Xidan war von Trägheit ergriffen. Müßig ließen die Männer die Zeit verstreichen, und hätten die Frauen sie nicht zur Arbeit angetrieben, sie hätten sich nicht vom Fleck gerührt. Wie Ochsen, die es nicht gewohnt sind, im Gespann zu gehen, erhoben sie sich kaum von ihren Plätzen. Sie warteten darauf, daß die Ereignisse kämen und auch auf sie übergriffen.
Die Meldungen über das Drama in Demenan kamen noch am selben Tag an. Da man keine Chance zur Rettung sah, wurde nichts mehr angefangen. Firaz zürnte ihrem Mann: »Mit gebundenen Händen dazusitzen, ziert keinen Mann! Du solltest etwas tun, damit unsere Familie im Winter nicht

vor Hunger stirbt. Du hörst doch, die Dörfer und Häuser werden zerstört. Also laß uns wenigstens unsere Wintervorräte irgendwo vergraben.«
Als die Xidaner sahen, daß Sileman arbeitete, richteten auch sie ihre Lager auf den Feldern ein. Was sie an Vorräten, an getrocknetem Obst, Gemüse und Fleisch hatten, vergruben sie dort. Doch die Angst lag wie ein Fluch auf ihnen. Sie höhlte die Menschen von innen aus.
»Jenseits des Euphrats ist alles zu vernichten«, war von Ankara befohlen worden. So Ovacik, Hozat. So Bertal Agha. So schließlich Demenan, Haydaran. »Die Soldaten werden uns alle vernichten! Lemin dae, was soll bloß aus uns werden?«
Die Leute von Xidan sagten: »Allmächtiger Vater, wir haben doch niemandes Hühner verscheucht! Was haben wir anderes verbrochen, als auf unseren Bergen zu leben? Sie dürfen Wörter wie Kurde und Kurdistan nicht verbieten. In den Schulen muß es Unterricht in unserer Sprache geben. Unsere Kultur, unsere Geschichte darf nicht verboten werden. Sie aber schicken uns Armeen, um uns aufzuhängen, uns abzuschlachten, um unsere Identität zu rauben. Und dazu heißt es, wir seien Banditen.«
»Wir sind als Kurden geboren, und so wollen wir auch sterben. Wenn wir dadurch zu Banditen werden, daß wir unsere eigene Sprache benutzen, sind wir eben Banditen! Dann waren auch unsere Väter, unsere Großväter Banditen, denn diese Sprache, diese Kultur haben sie uns gelehrt. Alle, die seit dem *Schmied Kawa* diese Sprache sprechen, sind dann Banditen!« »Als wir *Mustafa Kemal Pascha* gegen die Großmächte halfen, waren wir aber noch keine Räuber.« »Wir werden die Räuber in ihren Höhlen schlagen!« »Aus diesem Grunde werden die Höhlen Dersims ausgeräuchert.« »Alle, schwangere Frauen, kleine und große Kinder, Alte, Krüppel, Bewaffnete und Unbewaffnete, Verrückte und Ahnungslose, alle werden bombardiert und beschossen.« »Aufgeknüpft werden sie. Ihre Häuser, ihre Hütten werden verbrannt und zerstört.« »Unsere

Hoffnung sind die Berge! Heilige, mächtige Herren, vielleicht könnt ihr uns aus dieser Lage retten! Habt Mitleid mit unseren Kindern! Helft, daß unser Geschlecht nicht ausgerottet wird!« »Der Feind ist groß und mächtig. Wir dagegen sind zerstreut und uneinig. Unsere hündischen Aghas machen sich zu Schergen des Feindes. Wenn wir uns jetzt sorgen, ob unser Geschlecht wohl weiterexistieren wird, dann sind die Aghas schuld daran.« »Uy babo lemine lemine!«
Tagelang diskutierten die Xidaner. Was sie auch taten und sprachen, es war falsch und umsonst. Dann war noch eine Botschaft gekommen, die den Xidanern das Blut stocken ließ. Ein weiterer bekannter Agha war getötet worden. Wie ein Huhn war er abgeschlachtet worden, beim Brunnen unterhalb des Marktplatzes, unter dem großen Walnußbaum, am hellichten Tag wie Imam Uschen.
Es war der Agha der Arean. Ein Agha wie Memik. Alle in Xidan hatten ihn gekannt. Ein junger Mann war er gewesen, stattlich, großgewachsen. Ali Agha hatte auf seinem Pferd gesessen, wollte in sein Dorf reiten, als er heruntergeholt und niedergestochen wurde.
Schlechte Nachrichten sind schneller als der Blitz, noch vor dem Militär erreichten sie das Dorf. Seine Frau und seine Kinder flüchteten und konnten sich retten, die Soldaten kehrten mit leeren Händen zurück. Aber sie suchten weiter, denn ihr Auftrag lautete, auch die Familie Ali Aghas auszulöschen.

Memik Agha hatte einen weiteren guten Freund verloren. Wenn er daran dachte, daß eines Tages er an der Reihe sein würde, schnürte es ihm die Brust zu. »Diese Regierung hat den Kopf verloren!« hörte man ihn oft sagen. Die getöteten Aghas hatten nie auf seiten der Aufständischen gestanden. Weder die Aghas der Arean noch die der Xormek hatten sich je an Aktionen gegen den Staat beteiligt. Ganz im Gegenteil, sie hatten den Armee-Einheiten große Dienste geleistet. Mit ihrer Hilfe hatte das Militär

nach Dersim eindringen und Herr der Lage werden können. Das war eine große Unterstützung gewesen!
Memik Agha hatte die Hände wie üblich hinter dem Rükken verschränkt und ging in den Garten hinaus. Früher war er stolz durch seinen Garten spaziert. Jeden Stein, jeden Baum und Strauch hatte er mit streichelnden, zärtlichen Blicken verwöhnt. Davon war keine Spur geblieben. Gebeugt ging er nun, sein eingefallenes Gesicht war schmal geworden. Nichts war von jenem alten, energischen Blick geblieben, in seinem Herzen kein bißchen Freude.
Der Garten war voller Früchte. Auf dem Hang zum Fluß hinunter waren Terrassen angelegt, später nach einem bestimmten Plan Bäume gesetzt worden. Bäume jeder Art und Größe. Direkt am Fluß waren Weiden gepflanzt, herabhängende, mächtige Weiden. Über den Fluß hinüber waren sie von beiden Ufern ineinandergewachsen, wie ein Tunnel, der die Fluten, die wilden Wasser lenkte.
Memik Agha wanderte ziellos. Er kam zu den tiefen Schatten am Bach. Furcht beherrschte ihn, er fühlte sich beklommen. Während er weiter gegen Westen abstieg, ging die Sonne auf. Er wandte seinen Kopf, schaute in die Höhe, und sah seinen Sohn Ferad bei den Bienenkörben arbeiten. Ihm war, als entdecke er all diese Orte neu, an denen er sein ganzes Leben verbracht hatte. Vom Dorf Karsan an den unteren Hängen des Hamik stiegen dünne Rauchsäulen in den Himmel. Er wanderte über die gemähten Felder weiter hinunter.
Rechts war Pule Gewr deutlich zu sehen, graue, felsige Hügel, über die der Wind fegte. Nur hier und dort eine Eiche oder Wacholdergestrüpp, Disteln und Tragant. Der Agha pflegte hier Rebhühner zu jagen.
Die wie tot daliegenden Gipfel schmücken sich im Frühjahr mit farbenprächtigen Blumen, sobald der Schnee schmilzt. Erst sprießen weiße, gelbe und gelblich-rote Winterlinge, Märzenbecher und Schneeglöckchen, bald darauf Hyazinthen. Ihr Duft betäubt den Menschen. Narzissen wachsen büschelweise. Mit Helige, Bärenklau, Tra-

gant und Eselsdisteln sehen die Hänge dann wie Gärten aus. Ein klein wenig Erde reicht aus, und schon drängen sich in den abgelegensten Winkeln der Felsen und unter Gestrüpp lila Veilchen. Beim Betrachten dieser Schönheiten der Natur und all ihrer Feinheiten wird der Mensch verzaubert und in andere Welten entführt.
Gleich unterhalb dieser Gipfel beginnt der Eichenwald. Dicht beieinander stehen die kleinwüchsigen Bäume, sie bilden einen Spitzensaum, eine Zierde an den Hängen.
Der Agha ließ seine Augen von Pule Gewr zum Hamik, vom Hamik zurück nach Pule Gewr wandern. »Ich will noch etwas weiter hinuntersteigen«, sagte er sich. Als er sich umwandte, waren weder sein Haus noch der Platz der Bienenkörbe zu sehen. Er wollte fern von allen Menschen sein. Auf einem flachen Stein streckte er sich aus auf dem Rücken aus. In der blauen Unendlichkeit schwebten die weißen Wolken wie Watte.
Des Aghas Blicke verloren sich in der Weite des Himmels, die Probleme erfaßten ihn. »Auge war ich den Soldaten, Auge und Ohr. Hätte ich das nicht getan, wäre ich heute nicht derart von Einsamkeit und Furcht ergriffen. Imam Uschen, Bertal und Ali Agha starben nur einmal, ich aber stehe täglich Todesängste aus.«
Dumpfheit und Trägheit überfielen ihn. Er schob die Hände wie ein Kissen unter den Kopf und schloß die Augen. Er ging zurück zu frohen Tagen, in seine Kindheit und Jugend. Er war kurz vor dem Einschlafen, als er Schritte hörte. Sofort richtete er sich auf und horchte. Eine Frau kam heran. Ihr Gewand leuchtete rot und grün. Die Farben waren so lebendig, als trotzten sie der Natur. Als sie näherkam, erkannte er Kemiz.
Der Agha verbarg sich hinter einem Gebüsch. Die Sonne strahlte mit wärmender Kraft. Von kleinen Wasserlachen im Flußbett stieg das Quaken der Frösche auf. Diese Laute und das Zirpen der Grillen fügten sich zu einem Konzert, in dem der Kuckuck als Solist auftrat. Aus weiter Ferne klang sein Ruf: »*Pepo, keko. Kam kist? Kam süt? Mi kist.*

Mi süt. Pepo, keko. Wer hat getötet? Wer hat gewaschen? Ich habe getötet. Ich habe gewaschen.«
Der Agha wußte nicht, ob er den Kuckuck oder sich selbst wegen seiner eigenen Sorgen bemitleiden sollte. Er war aufgeregt wie beim Versteckspiel in seinen Kindertagen. Der Kuckuck rief unentwegt, und der Agha erinnerte sich an eine Erzählung.
»Eine Stiefmutter kümmerte sich nicht um die Kinder. Sie schimpfte, schlug, fluchte, und trug ihnen nur schwere Arbeiten auf. Eines Tages im Frühling schickte sie die Kinder zum Bärenklau-Pflücken. Das ältere Mädchen schnitt die Blätter mit dem Messer und gab sie ihrem Bruder. Der warf sie in den Sack auf seinem Rücken. Als sie umkehren mußten, forderte die Schwester ihren Bruder auf: Nun zeig mal unsere Bärenklau-Blätter! Der Junge öffnete den Sack, aber es war kein einziges Blatt darin. Sie erschraken. Die Schwester wurde böse: Du hast sie alle aufgegessen! Was sollen wir jetzt der Stiefmutter sagen? Sie wird uns beide töten. Wie sehr der Junge auch beteuerte, er habe nichts davon gegessen, so glaubte ihm seine Schwester doch nicht. Schließlich sagte der Bruder zu ihr: Wenn du mir nicht glaubst, dann öffne meinen Bauch und schau nach! Das Mädchen schnitt mit dem Messer den Bauch ihres Bruders auf, und fand keine Blätter. Wieder schaute sie in den Sack. Da merkte sie, daß dieser ein Loch hatte. Als das Mädchen sah, daß ihr Bruder gestorben war, weinte und klagte sie und flehte zu den mächtigen Herren der kurdischen Berge: Ach, macht mich doch zu einem Vogel. Ich will ein Vogel sein und Tag und Nacht über Berg und Tal den Schmerz um meinen Bruder kundtun. Ihr Wunsch wurde erfüllt, und jener Vogel fliegt seither über Berg und Stein, Bach und Gipfel. Um allen Wesen seinen Kummer zu erzählen, verkündet der Kuckuck, er selbst habe getötet, er selbst habe den Toten gewaschen und begraben.«
Die Kurden bedauern diesen Vogel, denn er hat keinen Boden, keine Heimat, kein Elternhaus.

Kemiz stieg den Hang ächzend und stöhnend hinauf. Als sie an dem Busch vorüberging, hinter dem der Agha sich verborgen hatte, trat dieser plötzlich hervor und packte sie am Arm. Kemiz erschrak. Ängstlich sagte sie, als sie den Agha erkannt hatte: »Oh, mein Gott, was hast du mich erschreckt!« Der Agha erwiderte nichts. Er faßte sie hart am Handgelenk und zog sie zum Flußlauf hinunter. Sie gelangten zu einer versteckten Stelle. Der Agha schaute sich um und warf die Frau zu Boden.
Kemiz' Flehen »Mein Agha, laß das doch, wenn das jemand sieht« überhörte er. Er zog seine Pluderhosen auf die Knie und schob Kemiz das Gewand hoch.
Als er sich außer Atem wieder erhob, versuchte Kemiz, die zerschlagen am Boden lag, ihre Kleider zurechtzuziehen. Der Agha schloß sein Hosenband, warf noch einen Blick auf Kemiz und machte sich auf den Heimweg, ohne ein einziges Wort verloren zu haben.

Der Agha betrat sein Haus nicht. Er war sicher, daß seine Frau wieder beim Gebet sein würde, und ging hinter das Haus. Mit dem Rücken an der Wand hockte sie regungslos wie eine Mumie. Der Kopf war auf ihre Schultern gesunken. Unter ihrem roten Fes, der das schwarze, nach hinten gerutschte Kopftuch hielt, sahen ihre schlohweißen Haare hervor. Versunken blickte sie zum Duzgin. Ihr Gesicht, ihre Lippen waren runzlig. »Wenn das so weitergeht, stirbt sie bald«, dachte der Agha.
Memik Agha blieb nicht lange. Er bemitleidete sie. Sie hatte ihm viele Kinder geboren, dazu viele Söhne. Er zog sich in sein Zimmer zurück und legte sich auf das Sitzbänkchen. Um den Schlaf nicht zu verscheuchen, schloß er die Augen und wünschte, einmal sorglos zu schlafen. Aber umsonst, Imam Uschens abgeschnittener Kopf kam und blieb.
Auch Ali Agha und Bertal Agha erschienen. Er wälzte sich von links nach rechts. Befreien wollte er sich von ihnen. Er öffnete die Augen, dann schloß er sie wieder, doch er

konnte diese Bilder nicht auslöschen. Er kämpfte mit seinen Gedanken, und auf seiner Stirn hatten sich große Schweißtropfen gesammelt. Seine Brust hob und senkte sich.

Dunkelheit lag über Xidan. Die Xidaner saßen noch unter den Bäumen vor ihren Türen oder auf ihren Dächern. Hemedi war auf Besuch zu seiner Schwester gekommen. Bevor er ihr Haus betreten hatte, hatte sich die Nachricht bereits herumgesprochen. Frauen und Männer strömten zu Silemans Haus.
Die Männer beglückwünschten ihn, drückten seine Hand, küßten seine Schultern. Die Jüngeren traten mit Ehrerbietung an ihn heran und küßten seine Hände. Die Frauen hatten sich um Firaz geschart.
Hemedi setzte sich auf einen Schemel am Ofen, und wechselte mit den Dörflern der Reihe nach die üblichen Fragen nach dem Ergehen. Er war bis an die Zähne bewaffnet. Er legte weder den Patronengürtel ab, noch gab er das Gewehr aus der Hand. Aus seiner bunten Schärpe lugten die Griffe von Dolch und Pistole hervor.
Seine Gesichtszüge waren gespannt. Sein Schatten mit der Adlernase erinnerte an einen Dämon. Deutlich war seine Unruhe zu erkennen. Er war wie der Panther, der seinen Jäger lauernd beobachtet. Er glich einem Pfeil, der gleich vom Bogen schnellen würde. Nie mehr wollte er unvorbereitet den Soldaten gegenüberstehen. Er wollte zeigen, daß das Blut seines Freundes Imam Uschen und der in Dersim getöteten wehrlosen und unschuldigen Menschen nicht so billig zu bekommen war. Er war fest entschlossen, dafür bis in den Tod zu kämpfen.
Alle blickten auf Hemedi. Man wartete darauf, daß er von seinen Erlebnissen erzählen würde. Ohne länger zu zögern, begann er zu sprechen: »Brüder, ihr wollt wissen, was geschehen ist. Leider habe ich keine guten Nachrichten. Was ich zu erzählen habe, ist bitter und traurig. Aber wie bitter es auch sein mag, ihr müßt davon wissen. Ihr

könnt nicht ahnungslos bleiben, während um euch herum alles zusammenbricht. Ich will also erzählen, so gut ich kann. Vielleicht hat der Agha mich wieder gewittert und läßt erneut das Dorf überfallen.«

Hier unterbrach er, zog seinen Tabak heraus und drehte sich eine Zigarette. Cafir nutzte Hemedis Schweigen und beeilte sich, ihm zu antworten: »Bruder Hemedi, was du sagst, ist richtig. Dem dürfen wir nicht vertrauen, obwohl er selbst in letzter Zeit viel Kummer hat. Die Menschen, mit denen er sich am besten stand, Ali Agha und Bertal Agha, sind ermordet worden. Offensichtlich hat er große Angst. Wer Intrigen schmiedet, nimmt kein gutes Ende.«

Hemedi blickte Cafir an, drehte seine Zigarette zu Ende und reichte seinen Tabak an Sileman weiter. »Bruder Cafir spricht die Wahrheit. Jetzt haben auch sie Angst. Bis gestern hingen sie am Arm der Offiziere. Trotzdem sage ich, sie finden einen Ausweg. Aber was wird aus uns, aus dem Volk? Bei Gott, unsere Zukunft ist finster. Die Tage, in denen wir wie Menschen lebten, sind endgültig vorbei. Jetzt spielt das Militär mit den Kurden wie die Katze mit der Maus. Und dieses Spiel wird noch ungleichgewichtiger werden. Meinen Freund Imam Uschen hat Gott zu sich genommen. Er ist zu unserem Märtyrer geworden, aufgestiegen in den Kreis der Vierzig.« Hier erscholl der Ruf: »Oh, Imam Uschen! Oh, Duzgin! Oh, Ali!« »Allah weiß genauso wie der erhabene Duzgin, daß mein Freund würdevoll auf dieser Welt gelebt hat. Er hat niemanden verletzt, niemandem etwas zuleide getan. Er war immer auf seiten der Armen, der Mittellosen. Er stellte sich gegen Gewalt und Unterdrückung und bekämpfte den Terror, in dem man unser Volk zu ersticken versucht. Er wußte, daß der Weg *Piros*, der Weg *Ali Schers* richtig ist. Deshalb ist er ihnen gefolgt. Sein Weg war der Weg der Ehre, der Weg des Rechtes. Dersim weint blutige Tränen, es ist von allen Seiten umstellt. Niemand hilft, niemand gebietet Einhalt. Der Staat ist mit seinen Heeren, seinen Geschützen und Flugzeugen nach Dersim eingedrungen, er will

Dersim auslöschen. Dersim ist die Brust der Kurden. Der Staat weiß, daß hier unser Herz schlägt.
Natürlich gefällt dem Staat nicht immer, was wir tun. So haben wir zum Beispiel den *Hamidischen Regimentern* keine Soldaten gestellt, das hat sie beunruhigt. Dann haben wir bei den Morden an den Armeniern nicht getan, was sie von uns verlangten, im Gegenteil, wir haben die Armenier versteckt. Und jetzt fordern wir Unterricht in unserer eigenen Sprache und melden unseren Wunsch nach Unabhängigkeit an. Das gefällt ihnen nicht, und sie sagen, Dersim muß mit Berg und Stein, mit Stumpf und Stiel ausgerottet werden.
Wir dagegen haben nicht zusammengehalten. Deshalb konnte die ausgeklügelte Politik von General Abdullah erfolgreich sein. Die Aghas haben die Geschenke der Paschas angenommen und blieben unparteiisch. Als reiche das nicht, stellten sie dem Militär noch Milizen und unterstützten offen den Staat. Mit den Offizieren knüpften sie freundschaftliche Bande, verbrüderten sich mit ihnen. Unser Volk haben sie dabei gespalten. Der Widerstand ist allmählich gebrochen, und nun kommt die Reihe an die Aghas, die sich auf die Seite des Staates gestellt hatten. Heute Bertal und Ali Agha, morgen die anderen. Es ist ein Spiel, aber unsere schlauen Aghas haben das Spiel nicht durchschaut. Der Duzgin ist mein Zeuge: Auch Memik Agha, der ganz besondere Freund des Militärs, wird seinen gerechten Lohn erhalten.
In Demenan ist kein Wesen am Leben geblieben. Dann wird Haydaran zerstört und niedergebrannt. Ob du kämpfst oder nicht, die Strafe ist für alle die gleiche. Der Tod zieht durch Dersim. Kurde zu sein, heißt getötet zu werden.«
Hemedi verstummte. Den Xidanern stockte der Atem. Verzweiflung hatte sich den Menschen auf die Schultern gelegt. Würde Hemedi einen Ausweg wissen?
Nachdem er eine weitere Zigarette gedreht hatte, fuhr er fort: »Der wievielte Vernichtungszug gegen uns Kurden

ist das? *Sultan Selim* hatte nach der Ermordung seines Vaters gesagt: Bringt alle jenseits des Euphrats um. Vierzigtausend unserer Leute zwischen sieben und siebzig waren mit dem Schwert erschlagen worden. Heute regnet der Tod vom Himmel. Du weißt nicht, wo dein Feind sitzt. Wir wissen nicht, was wir tun sollen«, sagte er, als eine Frau ihn unterbrach: »Uy Duzgin dava to bu, ma sebikerime? Oh, Duzgin, das ist doch deine Sache, was können wir denn tun?«
Nach diesem Aufschrei wagte niemand mehr zu sprechen. Nach langem Schweigen sagte Xidir: »Bruder Hemedi, willst du uns nicht etwas vortragen?« Hemedi erwiderte: »Eigentlich wollte ich gehen. Aber nun will ich doch etwas für euch singen. Bringt mir eine Saz!«
Sofort kamen sie seinem Wunsch nach. Hemedi lehnte sein Gewehr an die Wand, nahm die Saz in die Hand und begann sie zu stimmen. Nach einer Weile erklangen Melodien. Bewegt begann er zu singen, und Männer und Frauen lauschten gebannt.
Einmal unterbrach er sich kurz: »Mein geschätzter Freund Imam Uschen kämpfte wie ein Mann. Nie hat er sich bei Aghas oder Paschas eingeschmeichelt. Heldenhaft stellte er sich gegen das Unglück, das wie schwarze Wolken über Dersim hereinbrach. Er ist gefallen und zu den Vierzig gestoßen. Er lebt im Herzen unseres Volkes. Schon jetzt ist er zur Legende geworden. In jedem Dorf, jeder Hütte, jeder Siedlung singt man Lieder über sein tapferes Leben. Es gibt keinen, der nicht über seinen Tod trauert und Tränen vergießt. Die Sonne wärmt nicht mehr seit jenem Tag, der Mond strahlt nicht mehr. Unsere heiligen Stätten zürnen. Als unser Imam Uschen umgebracht wurde, standen wir mit gebundenen Händen. Unsere Berge sind nicht mehr wie früher. Sie stöhnen unter den Soldatenstiefeln.«
Hemedi erhob wieder die Stimme zur Saz und begann, das Lied seines Freundes zu singen. Die Frauen weinten still.

»Sekero Daye sekero
Cade yeno, cadeo de seno,
Derde Imam Uşen mi ra
Kemer'u dar ber'e Haqi veseno.

Ez şune ke Sileman'e Xınciki
Kaymakam verde nistero
Zernono suru moreno.

Mı vake, belka goni qeyretane
Kuresijeni keno,
Cigera mi zalimu desta
Eva weşeni ceno.

Mi nezona ke Sileman'e Xınciki
Kuresijeni xo vira kerda
Dismenena kane arda xo viri,
Sirsa xo, xo verde hedi hedi sone keno.«

»Was sollen wir tun, Mutter, was sollen wir tun,
Geh diesen Weg, komm ihn zurück,
Für den Schmerz um Imam Uschen
Weinen Berg und Stein.

Ich ging hin und sah,
Sileman Xinciki
Saß vor dem Landratsamt,
Die gelben Goldmünzen zählend.

Blut gäbe es und Entschlossenheit, glaubte ich,
Er zeige, was es heißt, ein Kureschan zu sein;
Doch mein Herz hatten die Tyrannen in Händen
Feuer hatte es gefangen.

Vergessen, was es hieß, Kureschan zu sein,
Die alte Feindschaft hatte er ausgegraben,
Sileman Xinciki, ich konnte es nicht ahnen.

Den Dolch vor sich,
Schritt er langsam voran.«

Hemedi hatte mit dem Klang der Saz und seiner Stimme die Xidaner verzaubert und sie tief beeindruckt. »Wenn man doch wie Hemedi sein könnte! Wozu diese Angst? Warum nehmen wir unser Schicksal nicht selbst in die Hand?« seufzten sie. Doch der Vogel war schon aufgeflogen. War es nicht schon zu spät?
Cafir wollte von seiner Traurigkeit, seiner Ruhelosigkeit sprechen. Mit rauher, vom Rauchen belegter Stimme, begann er: »Bruder Hemedi, ich tue alles für dich. Was soll aus uns werden? Laß uns Erwachsene beiseite. Wir alle haben Kinder. Wenn die Soldaten kommen, werden wir schon einen Schlupfwinkel finden, aber was geschieht mit unseren Kindern? Wir dachten, sie rühren sie nicht an. Doch wie wir jetzt von dir gehört haben, machen sie keinen Unterschied.«
Seine Stimme hatte zu zittern begonnen. Vor Aufregung war er blaß geworden. Er fuhr fort: »Zeig uns einen Weg! Zeig uns einen Ausweg, Bruder!« Er hatte nicht die Kraft weiterzusprechen.
Hemedi sah sie nacheinander an. »Brüder, ich habe es gleich zu Beginn gesagt. Dersim wird bombardiert, wird zerstört und niedergebrannt. Die Häuser und Dörfer werden dem Erdboden gleichgemacht. Das Massaker geht weiter. Zwar heißt es, die Regierung habe eine Amnestie erlassen, aber unsere Menschen werden weiter hingemordet. Täglich hören wir, daß einander verbundene Menschen auseinandergerissen und in die Verbannung geschickt werden. Ihr habt euch aus allem herausgehalten. Aber glaubt nicht, sie werden euch deshalb verschonen, denn auch ihr seid Kurden. Sie werden die meisten, die sie in die Hand bekommen, vernichten.
Meine Schwester ist in eurem Dorf, meine Neffen und Nichten sind unter euch. Wenn ich eine Lösung wüßte, glaubt ihr, ich würde sie euch vorenthalten? Ihr könnt sicher sein,

in Dersim herrscht nur noch das Gesetz des Wolfes. Vor uns liegt der Winter, die Hölle! Selbst wenn wir nicht gefangen werden, wenn die Soldaten uns nicht töten, dann wird es der unerbittliche Winter tun. Wir alle werden in der Kälte eingehen, ein Wunder, wenn jemand den Frühling erreicht. Wer von euch hat sich auf den Winter vorbereiten können? Mit der Furcht im Herzen hat niemand richtig gearbeitet. Wie wir es auch anpacken, die Sache sieht nicht gut aus.
Wenn sie uns in die Verbannung schicken, werden viele unterwegs dahinsterben. Sie lassen die Menschen, die sie in Waggons sperren und abschicken, ohne Wasser und Brot. Krankheit und Hunger werden zum Verhängnis, es gibt kein Entrinnen.
Eigentlich ist es viel schlimmer, am Leben und gesund zu bleiben und irgendwo im Westen anzukommen. Dort kennen wir weder Sprache noch Kultur der Leute. Du weißt nicht ein noch aus, du bist der dreckige Kurde, der *Rotkopf*. Sie lassen dir nicht ein Stück Würde. Ist es nicht besser zu sterben, als ein würdeloses Leben zu führen?«
Hemedi legte eine Pause ein, seine Brauen waren zusammengezogen und seine Stirn kräuselte sich. »*Eulen* werden rufen in Dersim, eine Feuersbrunst ist das. Rette, was zu retten ist«, sagte er zu sich und fuhr dann mit ruhiger Stimme fort: »Gut, wir werden hier sein, wenn die Soldaten kommen. Aber sagt nicht: Kommt und holt uns. Macht es ihnen schwer, versteckt euch! Versucht vor allem, die Kinder zu retten, sie sind unsere Zukunft. Eines Tages werden sie Rechenschaft für diesen Völkermord verlangen. Erzieht eure Kinder zu Einheit und Zusammenhalt! Dersim darf nie wieder eine solche Uneinigkeit erleben. Wer von uns überlebt, muß den kommenden Generationen vom tapferen Kampf unseres Volkes erzählen.«
Er nahm sein Gewehr und stand langsam auf. Alle um ihn herum erhoben sich ebenfalls. Die Frauen weinten. Hemedi verabschiedete sich von jedem einzelnen. Draußen war es stockdunkel. Seine Schwester Firaz begleitete

ihn bis Pule Gewr. Sie fürchtete, ihren Bruder nie wieder zu sehen. Als sie zurückkehrte, hatten sich die Männer in kleine Grüppchen aufgeteilt, die Frauen aber versammelten sich bei ihr.
Über dem Koje Ser war der Morgenstern aufgegangen.

Dersim sollte den letzten Schlag erhalten. Der Befehl an die Armee lautete: »Vernichtet alles jenseits des Euphrat!« Sechzehn Jahre zuvor war ein ähnlicher Befehl ergangen: »Armeen, das erste Ziel ist das Mittelmeer!« Damals waren im Namen der türkisch-kurdischen Freundschaft unter dem Dach des Islam Kurden mit ihren türkischen Brüdern gemeinsam auf das Mittelmeer marschiert. Viele Kurden hatten ihr Leben in Sakarya, in Dumlupinar gelassen. Die Sache hatte mit dem Hinauswurf ganz Europas geendet. Die spätere Regierung der jungen Republik war gestärkt aus dem Kampf hervorgegangen.
Die kurdisch-türkische Freundschaft war nun jedoch überholt, ja verboten war sie, und davon zu sprechen war Separatismus, denn jetzt war ein Staat geschaffen worden, eine Nation, ein Führer. Alles war planmäßig und reibungslos zu seiner Zeit inszeniert worden und griff ineinander wie die Glieder einer Kette.
Gegen die Armenier waren die Kurden noch zu Brüdern erklärt und in den Mord an den Armeniern hineingezogen worden. Auch gegen die Franzosen, Engländer und Griechen war die Brüderschaft wieder propagiert worden. Als jedoch von den christlichen Völkern in Anatolien und Kurdistan nichts mehr übrig war, wandte sich die Spitze der Lanze gegen die Brüder im Islam, gegen die Kurden.
Die kurdischen Bewegungen von Koçgiri, von Scheich Said und anderen waren erbarmungslos niedergekämpft worden, nun war die Reihe an Dersim. »Dersim wird reformiert, wird zivilisiert«, hieß es. »Es wird aus der Herrschaft der Aghas befreit. Dersim ist nicht kurdisch, es ist voll und ganz türkisch«, sagte man. Es war angeordnet

worden, aus den armen Kurden Dersims Türken zu machen.
Ministerpräsident Celal Bayar hatte befohlen: »Die Banditen sind unschädlich zu machen. Stein und Strauch in Dersim sind zu säubern.« Armeen wurden in Marsch gesetzt. Zum Bombardement aus der Luft wurden Luftflotten eingesetzt, und selbst Atatürks Adoptivtochter flog mit ihnen Einsätze, die mitleidslos Leben aus der Luft vernichteten, während die Truppen am Boden erbarmungslos töteten.
Zur gleichen Zeit herrschte auch in einem anderen Land Krieg. Hitler und Franco hatten sich zusammengetan und bombardierten Dörfer in Spanien. Doch die demokratischen Kräfte standen hier nicht allein, Menschen aus aller Welt kämpften Seite an Seite mit ihnen. Was aber in Dersim geschah, hörte niemand. Die Zivilisation war mit den barbarischsten Methoden nach Dersim gedrungen, gestützt auf Gewehre und Bomben. Zivilisation bedeutete die Leugnung der Existenz des kurdischen Volkes, sie stand für Verbannung und Verbot, sie war der Tod!

Ein paar Tage waren vergangen, seit Hemedi das Dorf verlassen hatte. In Xidan ging das Leben eintönig seinen Gang. Niemand wußte, was der nächste Tag bringen würde. Es war ein Leben wie auf einem Pulverfaß. Vor allem die Frauen litten darunter, denn neben der Hausarbeit trugen sie die Verantwortung für die Kinder.
Es war Nachmittag, die Sonne hinter dem Hamik warf schon lange Schatten, und die Ebene von Xidan lag im Abendlicht. Die entlang des Bewässerungskanals gepflanzten Pappeln wiegten sich in der Brise, die sanft von Süden her wehte. In das Rauschen der Pappelblätter mischte sich das Gezwitscher der rastlosen Vögel, die hin- und herflatterten. Der Himmel war tiefblau wie das weite Meer. Nicht das kleinste Wölkchen war zu sehen.
Beser, Zere und Firaz hatten sich hinter dem Dreschplatz unter den großen Walnußbaum gesetzt. Alle drei trugen

ihre Babys, die in ihren Armen schliefen. Während sie über die militärischen Aktionen in Haydaran sprachen, ließen sie ihre Kinder nicht aus den Augen. Sie verscheuchten die aufdringlichen Fliegen, die sich auf die kleinen Gesichter setzten. Wenn die Kinder aufwachten, sangen sie ihnen traurige, wehmütige Wiegenlieder.
Die Schlaflosigkeit hatte die Frauen gezeichnet. Sie sprachen selbst dann weiter, wenn ihnen bereits die Augen zufielen. Es war nicht so wichtig, daß jemand zuhörte, wichtig war es, sprechen zu können, sich zu beweisen, daß man noch da war.
Beser sagte: »Wenn ich einen Mann hätte, würde ich die Kinder nehmen und irgendwohin gehen.« Zere erwiderte: »Gut, wir haben einen Mann, aber glaubst du, uns ginge es anders? Wir alle fürchten um unser Leben. Wenn dein verstorbener Mann die Qual der heutigen Tage erlebt hätte, wäre er daran verzweifelt. Wir sind dem Duzgin überlassen. Leben ist bei ihm, aber auch der Tod.« »Richtig, Schwester«, sagte Firaz. Sie sorgte sich mehr um Hemedi als um ihre Kinder. Die anderen hatten zu klagen begonnen. Die Säuglinge waren aufgewacht und schrien. Wer das hörte, kam hinzugelaufen und hockte sich zu ihnen. Alle sprachen und schluchzten durcheinander, ihre Stimmen klangen über den Dreschplatz hinaus in die Ebene von Xidan.
Nur die Kinder spielten sorglos, sie übertrafen sich im Anstellen von Unsinn, denn es gab niemanden, der ihnen auf die Finger sah, sie zur Ordnung rief.
Die Größeren hingen ihren Gedanken nach. Die jungen Mädchen verfolgten das Klagen ihrer Mütter am Rande des Dreschplatzes, die jungen Männer hockten bei ihren Vätern und Onkeln an den Mauern. Hier sprach niemand. Trotz des Treibens am Dreschplatz saßen sie wie in der Ruhe vor dem Sturm.
»Esker yeno, esker yeno! Die Soldaten kommen!« Xidan wirbelte durcheinander, und bei den Frauen brach Panik aus, sie wußten nicht, was sie tun sollten. Sobald sie die

Soldaten herabsteigen sahen, überwanden sie den ersten Schreck und begannen, ihre Kinder zusammenzusuchen. Gleichzeitig stopften sie dünnes Fladenbrot in große Taschen. Die Kinder wurden auf Schultern und Rücken gehoben oder auf die Arme genommen. Ihre schlanken, manchmal dünnen Gestalten ließen die Frauen zart und schwach erscheinen. Sie hatten mehr zu tun, als in ihren Kräften stand, und ihre weiten, bis zum Boden reichenden Kleider erschwerten die Flucht. Die Angst hatte sie aufgescheucht wie Vogelmütter, die die Zerstörung ihres Nestes befürchten.
Zere bangte mehr als alle anderen. Sie hätte mit ihrem Baby zum Vogel werden und davonfliegen wollen, irgendwohin, wo es keine Angst gab, auf die Gipfel der Berge, in ein unerreichbares Land.
Das Kind war noch sehr klein. Nach sechs Töchtern hatte sie endlich einen Sohn bekommen. Nach der Geburt jeder Tochter war sie erniedrigt worden. Ihr Mann wütete: »Warum kriegt dieses Weib immer nur Mädchen?« Weil sie keinen Sohn hatte, galt sie weniger als eine Maultierstute. Deshalb war sie in der Familie nicht gern gesehen, und sie beneidete die Frauen, die einen Jungen zur Welt brachten. Sie hatte nichts unversucht gelassen. Alle Wallfahrtsorte hatte sie aufgesucht, hatte ihr Gesicht bei allen Heiligen bestrichen und Wasser aus vielen heiligen Quellen getrunken, bis sich schließlich ihr Wunsch erfüllt hatte.
Als sich die dunklen Wolken über Dersim zusammenbrauten, hatte sie einen Jungen zur Welt gebracht. Die ganze Familie freute sich, und das Glück ihres Mannes war unbeschreiblich. So war doch noch jemand da, der den Namen der Familie weitertragen, den Schornstein rauchen lassen und den Ofen nicht ausgehen lassen würde.
Nun wurde Zere hochgeschätzt, denn sie war die Mutter eines Sohnes, über dem jetzt wie ein Dolch die Gefahr schwebte. Nicht einen Augenblick ließ sie ihn aus dem Arm. Sie bedauerte ihre Töchter, aber sie fand nicht mehr die Zeit, sich um sie zu kümmern.

Als alles auseinanderlief, rannte Hesene Ali nach Norden auf die Soldaten zu. Er lief, ohne sich umzusehen, über Felder und Wiesen, schnell wie ein Hund. Er war ein junger Mann, dessen Bart gerade zu sprießen begann. Er erreichte den mächtigen Birnbaum in der Ebene von Xidan. Mit flinken Bewegungen erkletterte er ihn wie ein Eichhörnchen. Der Baum war nie beschnitten und ausgelichtet worden, er stand da mit seinem Gewirr aus Zweigen und Ästen und seiner mächtigen Krone, unter der eine Herde im Schatten lagern konnte. Hesene Ali setzte sich auf den Platz, den er sich vorher schon zurechtgemacht hatte, und blickte nach Norden. Von hier konnte er Memik Aghas Haus ebenso gut sehen wie Xidan und Pirepes.
Die Kinder von Fero Sur flüchteten nach Pule Gewr. Zere, ihr Mann und ihre Kinder schlugen sich in den Wald Qelwe, um nach Alçek zu kommen. Selbst die Ältesten verließen ihre Häuser, um sich zu verstecken.
Hinter der Xidaner Ebene war auf dem größten der Felder des Agha ein Gemüsegarten angelegt worden, um den Bedarf des Bataillons zu decken. Dieses Land bewirtschaftete ein Türke, der aus Harput hierher gebracht worden war, ein ruhiger Mann, der sich mit Sileman angefreundet hatte. Als nun der Lärm in Xidan losbrach, war Sileman mit seinem kleinen Sohn gerade bei ihm. Bevor sie die Soldaten gesehen hatten, glaubten sie zunächst, es sei der übliche Krach aus Xidan.
Als Sileman aber die Soldaten von oben heruntermarschieren sah, erfaßte er den Ernst der Lage. Er ergriff die Hand des Gärtners: »Meinen Sohn laß ich bei dir, paß gut auf ihn auf. Wenn wir getötet werden sollten, sorge du für ihn. Ich küsse dir die Füße, paß gut auf meinen Sohn auf!« flehte er. In seinen Augen standen Tränen.
Der alte Gärtner war verwirrt, sagte aber gutmütig: »Mach dir keine Sorgen. Ich kümmere mich um ihn wie um meinen Augapfel.«
Bei diesen Worten fiel Sileman eine zentnerschwere Last vom Herzen. Er nahm seinen Sohn in die Arme und drück-

te ihn an die Brust. Er küßte ihn auf Wangen und Augen, als müsse er die Sehnsucht für Jahre stillen. Seine Umarmung war herzlicher als die eines Mannes, der vor einer langen Reise ohne Wiederkehr seine zurückbleibende Liebe umarmte. Am liebsten hätte er seinen Sohn in seiner Brust versteckt.
Er wandte sich ein letztes Mal an seinen Sohn und sagte: »Ti lée na ap de winde! Bleib du bei diesem Onkel!« Dann lief er nach Xidan hinunter. Seine Füße berührten kaum den Boden. Er fühlte sich leer. Seine Gedanken waren bei dem vierjährigen Hesen, den er zurückgelassen hatte.
Die Augen des kleinen Hesen füllten sich vor Angst mit Tränen. Seine Lippen verzogen sich, und er wollte zu weinen beginnen, als der alte Gärtner ihn in den Arm nahm und streichelte. Mit den paar Worten Kurdisch, die er gelernt hatte, versuchte er, ihn zu beruhigen. Er gab ihm ein Stück Melone in die Hand und brachte ihn in die Hütte, in der er wohnte. Wenig später marschierten die Soldaten im Gleichschritt vorbei.
Als der Gärtner sich zum Nachmittagsgebet auf der Strohmatte niederließ, konnte er seine Gedanken nicht von dem kleinen Hesen und von Sileman lösen. Er beugte sich auf und nieder und seine Augen richteten sich immer wieder auf den Duzgin.

Beim Marsch über die Stoppelfelder hatte sich die Ordnung der Soldaten aufgelöst. Hesene Ali beobachtete alles von oben. Er sah Silemans ungestümen Lauf ebenso wie jede Bewegung der Soldaten. Voran schritt der Offizier, auf dessen Schultern es funkelte, dahinter seine Soldaten. Hesene Ali versuchte, die Soldaten zu zählen. Als sie immer wieder durcheinander liefen, ließ er davon ab. Schließlich glaubte er doch, richtig gezählt zu haben und beruhigte sich. »Gut, wenigstens habe ich sie gezählt«, schien er sich zu sagen. Sein Mund war ausgetrocknet.
Noch war nicht klar, in welche Richtung die Soldaten gehen würden. Nach Xidan oder zum Agha? »Bei Uso Fers

Garten wird es ersichtlich, hoffentlich gehen sie nicht zu uns.« Bis zum Garten waren es noch ein paar hundert Meter. Angestrengt und voller Neugier schaute Hesene Ali, als die Soldaten lärmend und ganz nah bei ihm vorbeimarschierten.
Sie kamen bei Uso Fers Garten an und bewegten sich auf Xidan zu. Hesene Ali verspürte Bitterkeit. »Sie werden uns alle töten, uns alle ...«, murmelte er.
Aus seinem Gesicht war die Farbe gewichen, er hatte keine Kraft mehr in den Beinen, und fast wäre er vom Baum gefallen. Er hielt sich fest und schloß eine Weile die Augen, das Ziel war nun klar.
Die Sonne stand über dem Hamik. Hesene Ali dachte an Imam Uschen. »Wie werden sie uns töten? Werden sie uns erstechen oder erschießen? Wer wird ihnen zuerst in die Hände fallen?« Noch einmal wandte er den Blick nach Xidan.
Da hatten die Soldaten abgeschwenkt. Hesene Ali traute seinen Augen nicht. »Ist das wahr, was ich da sehe?«
Auf dem Weg nach Xidan hatten die Soldaten zu Memik Agha hin abgedreht. »Ist das ein Manöver? Oder sind sie vielleicht hungrig?« überlegte er. Er sah, wie sie sich vor dem Haus des Aghas sammelten, und die Menschen dort aufgeregt durcheinander liefen.

Memik Agha lag auf dem Bänkchen ausgestreckt und schaute unter halb geschlossenen Lidern hervor zum Hamik. Die Augen waren auf einen Punkt gerichtet, einen Punkt in weiter Ferne, an dem der Himmel sich mit der Erde vereinigte. Unbewußt hatte er sich mit leerem Blick daran gebunden. Lange verharrte er so. Als er ermüdete, wählte er ein anderes Ziel, näher beim Haus, und sah nun die Bäume im Garten, in denen sich ein leichter Wind fing. Sperlinge flogen auf und ließen sich nieder, frech und vorlaut, und die Sonne überflutete den Nachmittag. Er sah den Staub, der in Schwaden durch die Lichtbündel schwebte. Ein Schwarm Fliegen hatte sich dem Staub an-

geschlossen und genoß die Wärme, ziellos flogen sie bald hierhin, bald dorthin.
Ab und zu kniff der Agha die Augen zusammen, und die Falten auf seiner Stirn änderten ihren Lauf, sein Gesichtsausdruck wechselte. Der Lärm war ständig angestiegen. Er dachte, er müsse aufstehen und denen draußen gehörig die Leviten lesen. »Was für eine Respektlosigkeit, während euer Vater, euer einziger Agha, sich in seinem Hause ausruht!« wollte er rufen. Er überlegte aufzustehen, unterließ es dann aber. Lange hatte er regungslos so gelegen, nun gehorchten ihm seine Knochen nicht mehr.
Der Lärm steigerte sich. »Wiy daye! Wiy, wiy ... Ach, Mama, ach, ach!« Da war wohl eines seiner Enkelkinder gefallen, dachte er. Die Welt änderte sich also. Hatte man je so viel Lärm um ein hingefallenes Kind gemacht, wenn der Agha zu Hause war?
Während er noch überlegte, stürzte sein Sohn Mustafa in den Raum. »Vater, die Soldaten kommen!« Er war erregt und rief, als er die Gleichgültigkeit seines Vaters sah, noch lauter: »Vater, ich habe gesagt, die Soldaten kommen!« Jetzt wandte der Agha seinem Sohn das Gesicht zu. »Wie viele?« »Sehr viele.« »Wie viele habe ich dich gefragt.« »Zwanzig, vielleicht auch dreißig. Zuerst taten sie so, als gingen sie nach Xidan, dann schwenkten sie plötzlich zu uns herüber. Sie sind schon kurz vor dem Dreschplatz.« Nun ergriff den Agha doch die Unruhe. Eilig fuhr er in seine Pluderhose, wand sich die Schärpe um und warf die Weste über. Obwohl die Uhr in seiner Westentasche nicht funktionierte, ließ er sie wegen ihrer goldenen Kette doch stecken. Als Agha mußte man schließlich zeigen, was man hat. Er schien zu begreifen, daß er sich in einer ungewohnten Lage befand. Bisher hatte sich ihm niemand widersetzen können, und über sich wußte er nur das Himmelszelt. Jetzt aber würde er gezwungen sein, ein paar Grünschnäbeln von Offizieren willfährig zu sein, wie er es schon Ali Fethi gegenüber gewesen war, vielleicht mußte er sie sogar anbetteln.

Seine Brauen waren zusammengezogen, und sein Schnauzbart, den er immer über alle Maßen geschätzt und gepflegt hatte, hing unordentlich herab.
Er ging einige Schritte auf den Offizier, der den Soldaten voranschritt, zu. »Seid herzlich willkommen, Kommandant. Wir stehen euch zur Verfügung.« Der Leutnant gab dem Unteroffizier an seiner Seite gleichgültig mit dem Kopf ein Zeichen.
»Kommandant, Ihr kommt doch im guten?« »Agha, kein Grund zur Sorge. Ihr werdet oben erwartet.« »Wir? Das kann nicht sein.« »Ich habe Order, euch alle mitzunehmen.« Das Blut wich aus Memiks eingefallenem Gesicht. Fast wäre er zu Boden gestürzt. Doch er war ein erfahrener Mann und erinnerte sich daran, selbst in den schwierigsten Situationen immer ruhig geblieben zu sein, und so hatte er jede Sache noch halbwegs zum Guten wenden können.
Die Frauen waren ins Haus gegangen. Seine Söhne und Enkel beobachteten ihn, ängstlich und scheu, als seien sie nicht in ihrem eigenen Haus.
»So seid ihr denn gekommen, um uns alle zu holen«, murmelte er widerwillig. Dann lächelte er schmeichlerisch, als sei die Nachricht ein Scherz gewesen: »Wenn dir an Gott etwas liegt, sag die Wahrheit, Kommandant. Ist das wahr? Wir werden also alle mitgenommen!« Der Leutnant erwiderte entschlossen: »Das ist kein Scherz.«
Nun versuchte der Agha den Leutnant in ein Gespräch zu ziehen. »Bei Gott, Leutnant. Wie Sie dem Staat ein Freund sind, so bin ich ihm ebenso ein Freund. Sie kennen mich wohl nicht, ich bin sehr gut mit Bataillonskommandant Ihsan Bey und besonders mit Hauptmann Ali Fethi Bey bekannt, Freunde sind wir. Kommen Sie, mein Augenlicht, setzen Sie sich, essen wir zusammen zu Abend, da können wir uns kennenlernen. Ich bin den Türken ein Freund. Ich habe mich nie zu den Räubern geschlagen. Wenn ich lüge ...«, hier lag ihm auf der Zunge, zu sagen: »Soll der Duzgin mich strafen.« Das war ihm zur Gewohn-

heit geworden, obwohl er nicht daran glaubte. Aber er bremste sich und sagte statt dessen: »Soll der Koran mich strafen.«
Er bemerkte, daß der Leutnant gar nicht zuhörte. Womit könnte er die Aufmerksamkeit dieses Mannes erregen? Er bot sein ganzes Talent auf, beugte sich zum Arm des Leutnants und sagte: »Bitte schön!« Heftig erwiderte der Leutnant: »Agha, Agha, ich habe Befehle, ich werde euch alle mitnehmen. Sagt jetzt Bescheid, damit sich alle fertigmachen.« »Kommandant, guter Mann, das ist leicht gesagt. Du hast sicher Vater und Mutter, vielleicht auch Kinder, glaubst du, das geht so leicht?«
Der Leutnant wurde ärgerlich. Doch der Agha hatte mehrere Söhne, die sicher bewaffnet waren. Wenn er sich gesprächsbereit zeigte, würde er einen Kampf und den Verlust von Soldaten wohl vermeiden können.
Der Agha wiederholte seine Aufforderung, doch ins Haus zu treten. »Was ändert das, Agha?« »Bitte, mein Herr. Kommen Sie herein!« Der Leutnant nahm den Unteroffizier beiseite. »Ich werde hineingehen. Sondiere die Lage!« Dann trat er ins Haus, und der Agha bat ihn, Platz zu nehmen: »Bei Gott, man sieht gleich, daß Sie aus gutem Hause kommen.«
Der Leutnant hörte sich das Gerede des Agha eine Weile an und unterbrach: »Was willst du besprechen?« »Mein lieber Kommandant, wir leben mit vierzig Leuten in diesem Haus, vierzig Personen, und Ihr sagt, bitte schön, wir nehmen euch mit. Warum denn bloß?« »Agha, ich habe einen Befehl bekommen und habe ihn auszuführen.« »Geht es in dem Befehl nur um mich alleine?« »Nein, nein. Es werden noch viele Aghas abgeholt.« »Wißt Ihr, wohin es geht?« »Ehrlich gesagt, nein. Es wird wohl nach Westen gehen, in die Verbannung.« Im Raum breitete sich Schweigen aus. Der Agha bemühte sich, seine Aufregung zu überwinden. Seine Gesichtszüge ließen ihn bedauernswert erscheinen, und nichts war erkennbar vom alten Agha, an seiner Stelle saß ein armer, beklagenswerter Memik.

Er sah jetzt keinen anderen Ausweg. Es gab keine Tür, die Bestechung nicht öffnen konnte. Die Moral der Beamten der neuen Regierung hatte sich sicher nicht geändert, auch sie waren bestechlich, und die neue Ordnung des Staates verlor bereits ihre Kraft, indem wieder jeder nahm, was er bekommen konnte. Das hatte der Agha von seinen Freunden aus Harput gelernt.
Er erhob sich und näherte sich langsam der Truhe, die er mit dem Schlüssel aus seiner Westentasche öffnete. Sie war so groß, daß ein erwachsener Mensch gut hineingepaßt hätte. An beiden Seiten hatte sie Beschläge und trug Verzierungen aus Metall. Sie barg das Vermögen des Agha. Er beugte sich hinunter, um sich kurz darauf mit einem Beutel in der Hand an den Leutnant zu wenden.
»Kommandant, nimm das hier. Es soll dir gehören«, sprach er, öffnete den Beutel und streute den Inhalt auf den Teppich, der über das Sitzbänkchen gebreitet war.
Des Leutnants Augen lagen auf den Goldmünzen. Schnell überflog er ihren Wert und nahm dann einige in die Hand. Er gab sich uninteressiert, schnippte sie wie Kleingeld in die Luft und warf sie zu den übrigen zurück.
Der Agha hatte sicher noch mehr von diesen Schätzen. Gleichgültig sagte er deshalb: »Agha, was soll das?« »Nichts. Nur ein kleines Geschenk für Sie.« »Was erwartest du als Gegenleistung?« »Hilfe.« »Wie?« »Uns nicht mitzunehmen, das ist alles.«
Der Leutnant wurde hart: »Das geht nicht. Ich habe klare Befehle.« »Dann nimmst du nur mich mit.« »Unmöglich, Agha. Ich werde euch alle mitnehmen. Laß das Gold stekken.«
Der Agha wußte, daß manche Menschen sich möglichst teuer verkaufen wollen, doch er war sicher, daß auch der Standhafteste käuflich war. Es gab nur eine Rettung, er mußte den Preis erhöhen. Wieder ging er zur Truhe und holte einen weiteren Beutel heraus.
»Hundert Goldmünzen«, dachte der Leutnant. Er wog die Beutel ein paarmal in den Händen und befahl: »Agha,

sag jetzt allen, sie sollen sich vorbereiten. Nehmt mit, soviel ihr tragen könnt, zum Packen gebe ich euch die nötige Zeit.« Schnellen Schrittes trat er aus dem Haus.
Der Agha wußte nicht, was er sagen sollte. Er war am Ende. Seine Gesichtsfarbe wechselte zwischen Gelb und Grün. »Da gibst du dem Burschen hundert Goldstücke, und das reicht ihm immer noch nicht«, flüsterte er.
Ihm fiel ein, wie gut die Zeit gewesen war, die er bis heute in Velis Kaffeehaus verbracht hatte. Er ging zur Tür. Sein Sohn Ferad erwartete ihn. »Komm rein, Junge.« Er fürchtete sich, seinem Sohn in die Augen zu sehen. »Sie schicken uns in die Verbannung. Die Frauen sollen ihren Schmuck und alles, was sie tragen können, mitnehmen.« Die Worte wollten ihm kaum über die Lippen. Der Kummer saß tief in den Gliedern, seine Ohren sausten, er fühlte sich wie in einen Schraubstock gepreßt. Langsam kehrte er seinem Sohn den Rücken zu und warf sich auf die Sitzbank.
So verharrte er eine Weile. Dann stand er auf und begann auf und ab zu gehen. Er war in Panik. Seine Zähne waren fest aufeinander gepreßt, seine Wangen eingefallen, von der alten Gerissenheit war nichts mehr zu sehen.
Vor der Truhe blieb er stehen. Noch einmal warf er einen Blick auf die alten Gold- und Silbermünzen. Sicher war es richtig, sie mitzunehmen, deshalb teilte er die Goldmünzen aus der Zeit Sultan Mehmet Reschats und Sultan Abdülhamits ebenso wie die Silbermünzen zu gleichen Teilen auf kleine Beutel auf. Dann rief er seinen Sohn Ferad zu sich: »Hier, nimm sie und gib jedem deiner Brüder einen, sie sollen sie gut verstecken.«
Der Agha kleidete sich in seine besten Gewänder. Bald ähnelte er den Herren von Harput und verließ das Haus. Er sah den Leutnant auf dem Dreschplatz mit den Händen in den Hosentaschen und murmelte: »Hundesohn! Du hast deine Hände auf meinem Gold.« Ein letztes Mal wollte er es versuchen. »Wie kann ich die Lage retten«, überlegte er. Er nahm sich zusammen und trat vor den

Leutnant. »Leutnant, mein Augenlicht, laß ab von deinem Vorhaben, ich bitte dich. Was soll aus diesem Haus werden? Die Arbeit so vieler Jahre steckt darin. Erlaube, daß ich mit denen da oben spreche. Sie essen sich erst einmal satt, und ich gehe und spreche mit Ali Fethi Bey, dem Bataillonskommandanten, dann komme ich zurück.«
Der Leutnant begriff, daß er forsch auftreten mußte, um sich aus der Affäre zu ziehen. »Agha, wie oft habe ich dir gesagt, daß ich nur meine Befehle ausführe. Ich habe Order, euch alle mitzunehmen. Ich bringe euch nach oben. Dort könnt ihr sprechen, mit wem auch immer ihr wollt. Vielleicht schickt man euch ja wieder nach Hause. Laß mich jetzt in Ruhe!« sagte er und wandte sich ab.
Memik Agha trat zu den Zweigen des großen Baumes, zu seinen Söhnen. »Diese Ehrlosen haben sich in den Kopf gesetzt, uns mitzunehmen. Was ich auch versucht habe, es hat nichts gefruchtet. Viele Jahre war ich ihnen ein Freund, habe ihnen geholfen, doch jetzt droht die Verbannung.«
Der Agha sah seine Kinder der Reihe nach an. Ihm kamen die Tränen. Die Kinder, allen voran seine Enkel, folgten ihm wie Opferlämmer. Sie sprachen kein Wort und regten sich nicht. Dem Agha fiel sein Sohn im Gefängnis ein. »Der teilt unser Schicksal im Moment nicht. Was macht er wohl?« Dann sagte er: »Nehmt soviel mit, wie ihr tragen könnt. Jeder soll vor allem auf seine eigenen Kinder achten. Wenn mir etwas passiert, hört auf euren großen Bruder Ferad.«
Zeynel hatte die Worte seines Vaters abgewartet und rief nun aufgeregt: »Und wenn sie uns wie Bertal Agha mitnehmen, um uns umzubringen? Wenn sie uns an einen Fluß bringen, fesseln und erschießen?« Die Verbannung schien noch das kleinere Übel zu sein.
Hidirs Augen glühten. Wie ein kräftiger Ringer sah er aus, und ungestüm stieß er hervor: »Vater, laß uns einen Ausweg finden. Bevor wir alle zusammen sterben, sollten wir lieber kämpfen.«

Der Agha runzelte die Stirn. Verstohlen musterte er seinen Sohn. Seine Blicke waren böse, voller Zorn. Er schüttelte den Kopf, als wolle er sagen: »Was ist denn in den gefahren?« Dann fragte er: »Mein Sohn, siehst du nicht, daß wir von allen Seiten umstellt sind?« »Das sehe ich, Vater.« »Und trotzdem denkst du an Kampf? Die ganze Familie würde dabei umkommen.« »Ist Bertal Agha nicht auch mit der ganzen Familie umgebracht worden? Wer weiß schon, wie wir enden. Zumindest sollten wir ihnen zeigen, wen unsere Mütter in die Welt gesetzt haben. Wir haben schließlich Waffen. Es widerstrebt mir, uns so lammfromm abführen zu lassen.«
Sein junger Sohn rief zum Aufstand. Man mußte die Lage beruhigen. »Wir müssen geduldig sein. Vielleicht wissen meine Freunde von dieser Sache gar nichts. Ich kann mir nicht vorstellen, daß sie so treulos sind. Saadettin wird uns auf jeden Fall zu Hilfe kommen. Was Hidir uns da vorschlägt, ist kein Ausweg. Solange ich atme, treffe ich auch die Entscheidungen hier. Los, nun sammelt euch!« Widerstreitende Gedanken gingen durch seinen Kopf. Wenn auch meist die Furcht überwog, so hoffte er doch, seine Freunde würden ihm helfen, und er wurde ruhiger.

Im Haus waren alle in Aufruhr. Kummer und Verbitterung stand den Menschen im Gesicht. Sie sammelten zusammen, was sie tragen konnten. Die Schwiegertöchter des Agha zogen ihre neuesten Kleider an. Diese Gewänder mit weiten Röcken, die ihnen bis auf die Fersen fielen, erinnerten mit ihren strahlenden Farben an Blumenbeete. Wären ihre Gesichter nicht voller Gram gewesen, man hätte sie für eine Hochzeitsgesellschaft halten können. Zarte, schlanke Schwiegertöchter waren sie, deren Gold- und Silberschmuck ihre Schönheit zur Geltung brachten. Die Kettchen mit Goldmünzen, die sie an ihren Fesen befestigt hatten, baumelten ihnen in die Stirn. Jede einzelne glich einer Blume, die auf den Bergen Dersims blüht. Ihre Arme waren mit Reifen besetzt, und bei jeder Bewegung

klirrte der Schmuck. Auch die jungen Mädchen schmückten sich, schön waren sie wie ihre Mütter.
Yemosch hatte es nicht für nötig gehalten, ins Haus zu gehen. Wie üblich kauerte sie an der Hauswand, den Blick auf den Duzgin gerichtet. Nur er, ihr einzig geliebter Duzgin, verstand sie. Sie glich einem Geist. Lebte sie noch, oder war sie bereits tot? Ihr Gesicht war schneeweiß, so daß man sich gefürchtet hätte, wäre man ihr allein begegnet. Ihr eingefallenes, welkes Gesicht glich einem Schrumpfkopf. Ihre Augen, mit denen sie aus ihrem Inneren liebevoll zum Duzgin aufblickte, lagen tief in den Höhlen.
Mustafas sechsjähriges Töchterchen Schilan liebte sie sehr und wich nicht von ihrer Seite. Sie kniete auf den Röcken ihrer Großmutter und hatte sich an sie geschmiegt, als wollte sie sie wärmen. Ihr großer Bruder hatte sie fast mit Gewalt zum Umziehen ins Haus bringen müssen. Kaum fertig gekleidet, war sie wieder zur Großmutter hinausgelaufen. Mit großen Augen beobachtete sie die Soldaten.
Die jungen Männer waren vor den anderen fertig. Der eine hatte die Nationaltracht angelegt, ein anderer die Kleider, die der Großvater aus Harput mitgebracht hatte. Wie junge Helden standen sie sauber und gepflegt da. Ferads Sohn Ali sprach mit seinem Cousin Memed zurückgezogen in einer Ecke: »Hast du keine Angst?« »Wovor soll ich Angst haben?« »Na, daß die Soldaten uns alle umbringen!« »Wir haben doch nichts verbrochen. Niemand kann uns irgend etwas vorwerfen. Aber um ehrlich zu sein, ich habe Angst um meinen Vater und meine Onkel. Andererseits halte ich die Angst für übertrieben, denn sie nehmen die ganze Familie mit, das heißt, sie werden uns nicht umbringen. Wenn wir Pech haben, verbannen sie uns«, erwiderte Memed, und Ali stimmte ihm zu: »Sie werden uns deportieren!«
Hidirs Frau Elif zog ihre Töchter an und schickte sie hinaus. Dann war auch sie fertig. Sie fühlte sich unruhig und verzweifelt, denn ihr Baby war nirgends zu sehen. Als die

Soldaten von Xidan zum Haus des Agha umgeschwenkt waren, hatte die Magd Kemiz ihr das Kind aus den Armen genommen, um es zu wickeln. Nun waren zwei Stunden vergangen, und von beiden gab es keine Spur.
Hidir trat nachdenklich und traurig zu Elif und fragte: »Bist du fertig?« »Wir sind fertig, aber Mamed ist nicht da. Als die Soldaten hierher marschierten, hatte Kemiz ihn mir abgenommen.«
Hidir strich sich mit der Hand die Haare aus der Stirn. Er schwieg ein Weilchen und wandte sich dann an seine Frau: »Elif, die bringen uns weg, um uns zu töten. Hoffentlich versteckt Kemiz unseren Mamed irgendwo. Sie ist eine gute Frau, und wer weiß, was sie sich gedacht hat. Vielleicht bleibt so wenigstens unser Sohn am Leben.« Elif schlug die Hände vor den Mund: »Möge aus deinem Mund nur Gutes kommen, Hidir. Wem nützt es denn, uns umzubringen? Wer könnte diese Sünde auf sich laden, so viele Kinder und unschuldige Menschen zu töten? So Gott will, werden wir zusammen noch viele Jahre erleben!« »Ach, Elif, ach. Ich hoffe, du behältst recht!« »Soll ich die Kinder ausschicken, um Kemiz zu suchen?« »Um Gottes willen! Vielleicht ist es besser so. Schau, meine liebe Elif, wir stehen am Rande einer Katastrophe, wie Noah vor der Sintflut. Keiner weiß, was aus uns wird, ob wir leben oder sterben werden. Sie haben uns hier versammelt gefunden und können nun leicht alle mitnehmen. Schau dir meinen Vater an, er nennt sie unsere Freunde, sonst fällt ihm gar nichts ein. Jetzt erst macht er sich Sorgen, sonst hätten wir längst vorgesorgt, hätten uns rechtzeitig verteilt, hätten den Sturm abwarten können, und es wäre nie soweit gekommen. Jetzt werden seine Freunde uns aus der Heimat reißen und uns als Gäste in ihr Land führen.«
Ganz nah trat er an seine Frau heran. Voller Schmerz und Liebe schaute er sie an. Sie umarmten sich und wünschten, dieser Augenblick könnte ewig dauern. Hidir atmete schwer. »Elif, in mir brodelt es, ein eigenartiges Gefühl, als wüßte ich genau, daß sie uns umbringen wie Bertal.«

Elif konnte die Tränen nicht halten. Sie umarmte ihn fester und weinte. Hidir hob ihr Gesicht, trocknete ihre Tränen und küßte sie. Er konnte kaum an sich halten. Schreien wollte er, sich auflehnen. Eilig verließ er den Raum.

Grobschlächtig und behäbig wirkte Ferad, der älteste Sohn des Agha. Die in der Mitte zusammenwachsenden Augenbrauen ließen ihn grimmig erscheinen. Selbst wenn er ruhig stand, wirkte er imposant und fast bedrohlich. Dieses Aussehen stand in krassem Gegensatz zu seinem Charakter. Beurteilte man ihn nur nach seiner kräftigen Statur, hätte man ihn für einen Tyrannen wie seinen Vater gehalten. Tatsächlich aber war er verträglich und gutmütig. Meist war er nachdenklich und besorgt. Er lebte einfach und ohne allen Prunk. Lange schon träumte er davon, das Vaterhaus zu verlassen. Aber er wußte auch, daß es unmöglich war, solange der Agha noch lebte.
Während er seine Sachen packte, sprach Ferad leise vor sich hin. Er war zornig, und sein Gesicht sah furchterregend aus. Seine Frau Senem schaute ihn verstohlen an und begriff, wie tief seine Verzweiflung war. Bei der kleinsten Berührung wäre er explodiert. Da wandte er sich Senem zu, die auch beim Packen war. »Ich habe nie mit dem übereingestimmt, was mein Vater getan hat«, sagte er. Seine Stimme war rauh und hohl. »Er hat uns isoliert. Drei, vier Strolchen hat er vertraut. Ihnen hat er geglaubt, für sie hat er unsere Beziehungen zu allen anderen Stämmen abgebrochen, jetzt stehen wir allein da. Wir sind gezwungen, unter den Menschen wie auf einer öden Insel zu leben. Senem, glaub mir, ich hätte es vorgezogen, mit dir und den Kindern in Armut, aber von meinem Vater getrennt zu leben. Er ist unser Vater, unser Ahnherr, habe ich gesagt und alles hingenommen. Viel ist den Leuten von Xidan angetan worden, nun müssen wir dafür büßen. Als das Blut in Demenan in Strömen floß, haben wir zugesehen und uns sogar auf die Seite des Staates geschlagen! Damit sind wir selbst zu Mördern geworden.«

Ferad zitterte. Er preßte die Zähne aufeinander, seine Fäuste waren geballt. Am liebsten wäre er zu seinem Vater gegangen und hätte ihm die Anklage ins Gesicht geschrien. Als Senem erwiderte: »Beruhige dich, Ferad. Es geschieht das, was das Schicksal für uns vorgesehen hat, dein Vater ist nur der Auslöser«, fiel Ferad ihr ins Wort: »Was sagst du da? Der Mann war ein Gott für uns, unser Schicksal hat dieser Mann geschrieben. Der Staat ist gut, ist unser Freund, hat er immer gesagt. Jetzt reißen sie uns von unserem Boden und bringen uns weg, verbannen uns. Sollen sie uns töten, das wäre besser. Es ist besser zu sterben, als irgendwohin geschickt zu werden und einzugehen. Was sollen wir in der Fremde machen? Was werden wir essen, wie werden wir ein Auskommen finden? Glaub mir, wenn ihr nicht wäret, ich würde mir eine Kugel in den Kopf jagen, in diesen Dickkopf ...« Schwer atmend hielt er inne.
Noch nie hatte Ferad seiner Frau, die nun schon Jahre an seiner Seite lebte, sein Leid geklagt. »Was unterscheidet uns von den Leuten in Xidan? Verachtet haben wir sie. Und während all unsere Vorfahren Kurden sind, macht der Agha uns plötzlich zu Türken. Ich schäme mich vor meiner alten Mutter. Wie grämt sie sich! Wenn wir wie Bertal Agha umgebracht werden, werden unsere Leichen unbestattet bleiben. Welcher Diener Gottes würde nach all dem noch eine Handvoll Erde über uns werfen? Ach, dieser Vater, wie oft hat er verraten und betrogen!«
Verzweifelt schaute er seine Frau an, als wolle er sie um Verzeihung bitten für die Schuld, die er in all den Jahren durch sein Schweigen auf sich geladen hatte. Sein Blick fiel nach draußen. Es war Zeit zum Aufbruch. »Sie warten auf uns, Senem, komm, laß uns gehen. Es tut mir leid, daß ich darüber nicht schon viel früher geredet habe«, sagte er und ging mit großen Schritten aus dem Raum.
Er sah seine Mutter sitzen und zum Duzgin beten. »Nun wird auch der Duzgin uns einen ordentlichen Schlag versetzen«, dachte er bitter.

Auf dem Dreschplatz herrschte wildes Treiben, in der Abendsonne flog die Spreu. Die kleinen Kinder hingen ihren Müttern an den Rockschößen und blickten ängstlich auf die Soldaten. Alle Gebäude waren umstellt.
Hidir stand bei seiner Frau und beobachtete die Umgebung. Er überlegte, wo Kemiz geblieben sein könnte, seine Furcht war groß. »Und wenn sie jetzt plötzlich kommt?« Er beugte sich zu seiner Frau. »Wo kann sie nur sein? Sie ist nirgends zu sehen.« Auf Elifs Antwort: »Laß es uns deinem Vater sagen, vielleicht erhält er die Erlaubnis, sie suchen zu lassen«, verzog Hidir die Augenbrauen. »Bloß nicht! Es soll keiner wissen. Wenn sie uns in die Verbannung schicken, können wir es ihnen sagen. Wenn wir aber in den Tod gehen, wird wenigstens unser Kind gerettet!«

»Bist du fertig, Agha?« Die Stimme des Leutnant glich einem Peitschenhieb. Der Agha sah sich um. Schwerfällig ging er umher. Mit glanzlosen Augen warf er einen Blick auf seine Kinder und Kindeskinder. Die Äste und Zweige des mächtigen Baumes waren beisammen, kräftig und gepflegt, einer schöner als der andere. Ihr Anblick war herzzerreißend.
Der Agha hätte die Zeit anhalten mögen. Genau in diesem Moment hätte sie stehenbleiben sollen. Das Leben war schön. Noch viel schöner war es auf dem Boden, auf dem man geboren und aufgewachsen war. Ganz ausgeschlossen war es, jemals von den Bergen, die man jeden Morgen beim Aufstehen als erstes sah, die Zeuge des Lebens waren, getrennt zu sein. Die Heimat mit ihrem Staub und ihrer Erde, ihrer Hitze und ihrer Kälte ist Teil des Menschen. Der Agha schaute auf die grünen Beete des Obstgartens am Fluß und die gelb-roten Felder. Konnte man ein solches Land verlassen?
Um nicht sagen zu müssen »Ich bin fertig!«, wollte er diesen Burschen noch einmal angehen und trat dicht vor ihn hin: »Kommandant Efendi, komm, laß uns zu einer Übereinkunft kommen. Du bist ein junger Mann, du brauchst

doch Geld. Ich gebe dir Gold, ich gebe dir Silber, ich gebe dir auch Juwelen. Das Schicksal hat mich in deine Hand gegeben, laß uns gehen.«
Der Agha sah ihn an, ohne die Augen zu senken. Vielleicht würde er sich erbarmen und sagen: »Ich habe es mir anders überlegt, ich nehme nur dich mit.« Was hätte er um diese Worte gegeben!
Der Leutnant hatte die Hand an dem Gold in seiner Tasche. Er dachte an den Bataillonskommandanten, der ihm den Befehl erteilt hatte: »Kein Mitleid mit Frauen, Mädchen, Kindern und Alten! Alle werden mitgenommen. Wenn nur ein einziger davonkommt, bellen sie wie die Hunde, diese Dreckstücke!«
Außerdem hatte der Bataillonskommandant auf Versammlungen den Offizieren immer wieder die Regierungspolitik eingehämmert: »Wer sich gegen unseren Staat, unsere junge Republik stellt, wird erbarmungslos vernichtet. Wo immer ihr sie antrefft, zu Hause, auf dem Feld, in den Bergen oder Tälern, ist das einzige, was ihr denken dürft: Vernichtet unsere Feinde! Ein guter Kurde ist ein toter Kurde. Vergeßt das nie.«
Täglich ließ der Generalfeldmarschall Befehle an seine Offiziere ergehen. Der Marschall war mit Ministerpräsident Celal Bayar und den anderen führenden Staatsmännern übereingekommen: »Dersim muß niedergeschlagen werden.«
Der Leutnant befahl den Soldaten, Haus und Hof sorgfältig zu durchsuchen. Ställe, Kornspeicher, Heu- und Strohlager durchstöberten sie bis in die hintersten Winkel. Die Strohballen durchstachen sie mit Bajonetten, und selbst die Schläuche mit Fett und Käse übersahen sie nicht. Nachdem sie sich davon überzeugt hatten, daß hier kein lebendiges Wesen mehr steckte, verschlossen und versiegelten sie das Haus.
Dann machten sich alle auf den Weg. Die vierzig Personen zogen wie vierzig Tote dahin. In das Geräusch ihrer schleifenden Füße mischte sich das Klirren des Metall-

schmucks der Frauen, und immer wieder war ein tiefes Seufzen, ein Stöhnen oder Klagen zu hören. Die Großen waren unter der Last des Ereignisses klein geworden. Sie zogen dahin, ohne zu wissen, was sie hätten tun können, ihrem Schicksal ergeben. Obwohl sie noch mit ganzer Kraft am Leben hingen, waren sie in der Stimmung eines Menschen, der sich auf den Sprung in den Abgrund vorbereitet. An jedem Stein, an dem sie vorbeikamen, an jedem Strauch und jedem Baum, den sie zurückließen, hingen Erinnerungen.
Der Schar voran ging der Leutnant, hinter ihm der Agha. Ihm folgten die jungen Männer. Die Mädchen begleiteten ihre Mütter wie Schatten. Sie ängstigten sich wie Gazellen, die den Jäger bemerkt haben und ihn nun mit großen, scheuen Augen verfolgen. Yemosch bildete den Schluß. Unwillig trottete sie dahin. Schilan hing an ihr.
Ferad Aghas großer Kopf war auf die Brust gesunken. Sein Blick war auf den Boden, auf seine Fußspitzen geheftet. Er hing seinen Gedanken nach. Innerlich stritt er mit seinem Vater. »Die führen eine Politik wie die Engländer. Heute bist du nett und gut, wenn ihre Sache aber erledigt ist, werfen sie dich wie einen alten Lappen weg«, hatte Cafir aus Xidan gesagt.
»Gott habe Cafirs Vater selig, er hatte recht«, murmelte er. Der Gedanke, daß der Verursacher dieser ganzen Geschichte sein eigener Vater war, versetzte ihn in Wut. Der kümmerte sich um nichts und niemanden und glaubte, alles besser zu wissen. Jetzt aber hatte Cafir recht behalten. In einem anderen Gespräch hatte er zu Ferad gesagt: »Die Kurden haben den Osmanen nie geglaubt, denn das wahre Gesicht der Osmanen zeigt sich in der Geschichte. Sie haben nur Raub und Krieg gebracht. Selbst in Friedensjahren haben sie Kurdistan nicht in Ruhe gelassen. Sobald ihre Schatzkammer leer war, brachen sie nach Kurdistan auf. Wenn wir heute auf diesem schönen Boden in Armut leben, dann ist das die Schuld der Osmanen. Da man jenen nicht glauben konnte, warum sollte man heute

diesen glauben? Welcher Unterschied besteht denn zwischen beiden?« Ferad hatte darauf nichts zu sagen gewußt.

Yemosch kam nur schwer voran. Sie hatte sich hinter ihre Kinder und Enkel gereiht. Wenn diese Geschöpfe, die sie mehr liebte als ihr Leben, nicht vor ihr waren, wollte sie keinen Schritt gehen, wollte lieber an Ort und Stelle sterben. Ihnen allen hoffte sie mit ihren Gebeten Flügel zu verschaffen.
Immer wieder rief sie »Duzgin! Duzgin!« So viele Jahre hatte sie ihm gedient. Ihm hatte sie Gelübde abgelegt, für ihn hatte sie gefastet, ihn verehrt und geliebt. »Worauf wartet der Duzgin?« überlegte sie. »Wenn er in schweren Tagen nicht hilft, wenn er meine Enkel, meine Kinder allein läßt, tut er damit vielleicht das Richtige?« Dann wurde sie böse: »Oder kennt er keine Gnade mehr? Er ist wohl alt geworden wie ich, er hat seinen Großmut verloren.« Ununterbrochen murmelte sie vor sich hin. Sie zürnte, flehte, versöhnte sich und grollte wieder. Schilan beobachtete sie ängstlich.
Sie zogen am Brunnen hinter dem Dere Qiz vorbei. Nun gingen sie parallel zum Flußlauf des Kalesan. Als der Weg steiler wurde, blieb Yemosch zurück. Ihre Knie begannen zu zittern, und ihr war, als klettere sie den Hang des Duzgin empor. Ihre Kraft schwand, ihre Brust hob und senkte sich wie die Brust eines Vogels. Jetzt zogen sie gerade am großen Mandelbaum vorbei. Wenn dieser Baum im Frühling Blüten trug, schmückte er den grünen Hang wie ein Brillant das Kollier einer Frau. Er glich dann einer rosa Wolke, die sich auf der Erde niedergelassen hatte. Unter diesem Baum ließ Yemosch sich zu Boden fallen. »Ez ne son! Ich gehe nicht weiter!« Wie üblich wandte sie sich dem Duzgin zu und begann einen Klagegesang. Die Soldaten gaben die Nachricht nach vorne durch.
Der Leutnant hatte sich in den Kopf gesetzt, seine Aufgabe ohne Zwischenfälle zu Ende zu bringen. Eine kleine

Verzögerung war ohne Bedeutung. Er machte ein paar Schritte auf den Agha zu: »Agha, warum läuft die Frau nicht weiter?« Der Agha erwachte aus seinen Gedanken. Langsam wandte er sich um und ging auf Yemosch zu. Seine Enkel, Schwiegertöchter und Kinder machten ihm den Weg frei. Ferad jedoch drehte ihm den Rücken zu, um ihn nicht ansehen zu müssen.
Der Agha war am Ende seiner Kräfte. Ihm war, als drücke ihn sein Gewicht zu Boden. Früher war er immer fröhlich und freudig erregt gewesen, wenn er hier hinabgestiegen war. Gleich würde er die Zweige und Blüten des mächtigen Baumes sehen, würde das Glück verspüren, nach Hause zu kommen. Wenn oben vom Kalesan sein Haus in Sicht kam, überströmte ihn jedesmal eine Welle der Freude, jetzt aber wandelte er wie im Schlaf, wie ein Blatt, das sich dem Wind überlassen hatte.
Als er bei Yemosch ankam, blieb er stehen. Er dachte, seine Frau würde bemerken, daß er zu ihr getreten war. Doch sie war abwesend. Früher war sie, wenn sie den Agha erblickte, selbst mitten in der Arbeit sofort aufgestanden. Sie hatte ihrem Mann immer Achtung bezeugt. Die alte Yemosch war fort, an ihrer Stelle kauerte jemand, den er kaum erkannte. Sie klagte und betete und schwang ihren Körper im Sitzen vor und zurück.
Der Agha sah alle Augen auf sich gerichtet. »Yemosch!« rief er. Ein kraftloser Laut. Nicht einmal Yemosch hörte ihn. Sie nahm Hand um Hand Erde auf und warf sie in die Luft. »Ich kann diesen heiligen Boden nicht verlassen. Wer wird unseren Heiligen dienen?« Immer wieder rief sie »Duzgin! Duzgin!« zum Himmel.
Schilan hatte sich neben sie gekniet und weinte. Sie fürchtete, ihrer Großmutter sei etwas zugestoßen. Noch einmal versuchte es der Agha, wieder kam keine Reaktion. »Sie ist wahnsinnig geworden«, dachte er und rief seine Söhne: »Zeynel! Mustafa! Tragt eure Mutter!« Mit schweren Schritten ging er zurück an die Spitze. Er hatte die Hoffnung aufgegeben.

Mustafa ließ sich vor seiner Mutter auf die Knie nieder. Er nahm ihre Hände, sie waren klein und zerbrechlich, wie die eines Kindes. Liebevoll und mitleidig schaute er seine Mutter an. Dann nahm er sie vorsichtig auf den Arm. Leicht war sie wie eine Feder.
Die kleine Schar setzte sich wieder in Bewegung. Über der Ebene von Xidan lag Totenstille. Der Duzgin glänzte bleich, während seine andere Hälfte in dunklem Schatten dalag, wie von einem schwarzen Umhang verhüllt.

Die Xidaner beobachteten die Ereignisse aus ihren Verstecken. Hesene Ali hatte den besten Ausblick, alles lag wie auf einem Tablett vor ihm. Neugierig beobachtete er jeden Schritt der Familie des Agha. Er wollte feststellen, wie viele aus dem Haus des Aghas gebracht wurden. Die Schar kam nur langsam voran. Er hatte genug Zeit, bedächtig zählte er: »Vierzig Leute.« Dann fielen ihm die Schwangeren ein. Zweiundvierzig Menschen, die von fünfundzwanzig Soldaten abgeholt wurden.
Sie kamen oben am Kalesan an. Der Agha blieb stehen und wandte sich um. Alle hatten angehalten. Die blassen Gesichter schauten noch einmal zum Haus, zum Garten und den Orten, an denen ihre Erinnerung hing.
Am Fluß entlang lag alles in tiefem Schatten. Die Rinne, die das Wasser vom Xars heranführte, trennte den Grund des Aghas von dem der Xidaner. Die Pappeln zu beiden Seiten des Wasserkanals ragten weit in den Himmel.
Memik Aghas Brust hob und senkte sich schnell. Der Schmerz war ihm wie ein Messer hineingefahren. Er konnte den Blick nicht von seinem Haus wenden, das auf der Ebene von Xidan weiß wie ein Schwan hockte.

Als sie die Kaserne erreichten, war die Sonne untergegangen. Über den Koje Hamik zogen rote Abendwolken.
Memik Agha war mit seiner Familie in die Baracke vor dem Regierungsgebäude gebracht worden. Sie waren allein. Alle ließen sich irgendwo nieder. Die Kinder wichen

ihren Müttern nicht von der Seite. Der Agha lehnte sich an eine Wand, gedankenverloren und weit von sich selbst entfernt.
Yemosch hatte sich im Schneidersitz in die Mitte des Raumes gesetzt. Ihr Gesicht war auf die Tür gerichtet. Schilan hatte sich auf dem Umhang ihrer Großmutter, der den Beton bedeckte, niedergelassen und sich an sie geschmiegt. Außer den Kindern, die manchmal ein paar leise Worte sprachen, waren sie schweigsam und nachdenklich.
Da wurde die Tür geöffnet und eine Frau hineingestoßen. Es war Fate. Kaum hatte sie ihre Mutter entdeckt, kniete sie vor ihr nieder. Seit dem Tode Ivrahims achtete sie niemand außer ihrer Mutter. Yemosch reagierte zunächst nicht, erkannte dann aber ihre Tochter und begann zu klagen. Die beiden Frauen umarmten sich und weinten.
Die Kinder, die auf dem kalten Beton schliefen, hatten sich zusammengerollt. An ihre Mütter gelehnt oder im Schoße ihrer Väter, wo sie sich sicher fühlten, waren sie eingeschlafen. Die Müdigkeit hatte sie überwältigt.
Fate und Yemosch schauten sich lange an. Obwohl sie nicht miteinander sprachen, verstanden sie sich, als erzählten sie sich ihren Kummer. Der Agha aber blickte die ganze Nacht starr auf einen Punkt. Offensichtlich kämpfte er mit seiner Vergangenheit.

Der Morgen graute, und die Soldaten, die draußen mit aufgepflanzten Bajonetten patrouillierten, waren erkennbar geworden. Sie hatten die Baracke umstellt, denn die Flucht Hemedis hatte zu einer Verstärkung der Sicherheitsvorkehrungen geführt.
Memik Agha versuchte aufzustehen. Seine Glieder waren steif geworden. »Ich muß aufstehen«, sagte er sich. »Meine einzige Hoffnung ist Saadettin. Ich muß versuchen ihm eine Nachricht zukommen lassen. Ob er wohl herkommt? Der Saadettin, den ich kenne, kommt sicher und rettet uns aus dieser unglücklichen Lage.« Er trat vor das halbgeöffnete Fenster. Eine Weile schaute er hinaus. Dann machte

er einem Soldaten ein Zeichen, er solle zum Fenster kommen, und sagte zu ihm: »Ruf Saadettin Efendi, er wohnt da unten.«
Der Soldat jedoch weigerte sich. Er drehte sich um und ging davon. Der Agha flehte und bettelte die anderen Soldaten an, doch niemand beachtete ihn.

Die Sonne hatte sich über den Koje Ser erhoben. Außerhalb der Baracke flogen Befehle hin und her. Die Soldaten begannen, die Menschen aus dem Schuppen herauszuholen. Auf dem Platz vor der Tür mußten sie sich aufstellen. Die Frauen zogen ihre Kopftücher bis über die Nase herunter und standen halb versteckt mit gebeugten Köpfen scheu und ängstlich hinter den Männern. Die Kinder waren verschreckt, so viele Soldaten hatten sie noch nie gesehen.
Es war ein ungewöhnlicher Tag. In der Kreisstadt war alles in Bewegung. Die Soldaten hatten mit ihrer Aktion begonnen. Sie waren fieberhaft tätig. Die Berge Dersims sollten von ihren Herren gesäubert werden.
Memik Agha hatte sich von den Ereignissen des vergangenen Tages nicht erholt. Seine Blässe war stärker geworden. Unter den Augen hatten sich dicke Tränensäcke gebildet. Er konnte nicht begreifen, was ihm angetan wurde. »Ach, was geht es noch um Achtung, wenn sie uns doch bloß in Ruhe lassen würden!« klagte er. »Welche Niedertracht!«
Noch gab es einen Hoffnungsschimmer. »Mit großer Wahrscheinlichkeit werden sie uns in die Verbannung schikken«, überlegte er. Wenn man sie an Saadettins Haus vorbeiführte, würden sie wenigstens überleben. Vielleicht könnten Yemosch und er selbst diese Qual nicht ertragen und unterwegs sterben, aber seine Kinder und Kindeskinder blieben am Leben. »Und wenn sie uns zum Efkar-Hügel führen?« Allein der Gedanke ließ ihn erstarren.
Lange verharrten sie, bis Hauptmann Ali Fethi Esener und der Leutnant erschienen. Der Hauptmann stand selbst-

sicher, die Hände in den Hosentaschen, etwas entfernt auf einem Hügel. Der Agha richtete die Augen auf ihn und hoffte, er würde herankommen, würde ihm die Hand geben, ihn seine Hand schütteln lassen. Doch der Hauptmann rührte sich nicht, deshalb ging er selbst auf ihn zu. Er wollte an den Soldaten vorbei, aber sie ließen ihn nicht durch. Hier war eine Mauer aus Fleisch gezogen. Schließlich nahm er seine restliche Kraft zusammen und rief zum Hauptmann hinüber: »Kommandant, meine Hochachtung! Du hast so viel von meinem Brot gegessen, von meinem Wasser und meinem Ayran getrunken, und jetzt kennst du mich nicht mehr? Ich bin immer auf eurer Seite gewesen. Ist es ein Verbrechen, auf seiten des Staates zu stehen? Was ist denn hier los, wer hat diesen Befehl erteilt? Das ist alles ein Irrtum. Ich bitte dich, kläre das auf!«
Der Hauptmann hörte zu, ohne irgendeine Reaktion zu zeigen, und der Agha sprach rasch weiter: »Ali Fethi Bey, laß meine Kinder, meine Familie, ich gebe dir, was du willst. Ich war immer für den Staat. War meine ganze Mühe etwa umsonst? Möge Gott dich belohnen. Laß uns nach Hause gehen!« Der Hauptmann blieb regungslos.
Den Agha verließ die Kraft. Er wiederholte die gleichen Dinge. Schließlich begann er, die Wörter ganz unverständlich auszusprechen. Ob das Türkisch oder Kurdisch war, war nicht mehr auszumachen. Wohin er den Blick auch wandte, alles drehte sich. War das ein Erdbeben, war etwa das Ende der Menschheit gekommen? Der Agha zuckte erregt. Einem Hahn gleich, dem die Gurgel durchschnitten wurde, röchelte er: »Kommandant!«
Er hatte die Hand an den Kopf gelegt und seine Augen geschlossen. Der Koje Ser wankte auf ihn zu. Ihm war, als würde der Berg sich öffnen und ihn verschlucken. Er fiel auf die Knie.
»Koje Ser yeno! Koje Ser yeno! Der Berg Ser kommt!« rief er ununterbrochen. Er machte sich klein, wie um sich zu schützen. Er hatte aufgehört, Türkisch zu sprechen.

Sein Gesicht war voller Erde. Sein ehemals gepflegter Schnauzbart hing zerfleddert und verschmutzt herab. Hauptmann Ali Fethi Esener änderte seine Haltung nicht und beobachtete die Gruppe. Seine Gedanken waren bei dem Vermögen des Agha. »Wenn er das bloß nicht irgendwo vergraben hat!« kam ihm leise über die Lippen. »Die Armenier haben ihr Gold damals vergraben, damit es niemand findet, aber die Kurden tragen es bis zum Tod bei sich«, dachte er und beruhigte sich. Man mußte die Sache nicht länger hinauszögern. Er gab den Befehl: »Soldaten, bindet die Männer!«
Sie setzten sich in Bewegung. Sie fesselten Ferad Agha, Zeynel Agha, Hidir, Ali, Mustafa, Memed und Qemer. Der Agha war nicht mehr bei Sinnen, so daß er gar nicht bemerkte, was hier vorging. Sie hielten es nicht für nötig, ihn zu fesseln.
Schneidend kam der zweite Befehl: »Durchsucht sie! Nehmt ihnen Geld und Schmuck ab!« Die Soldaten fanden die Beutel mit dem Gold, das der Agha seinen Kindern gegeben hatte.
Dann kamen die Frauen an die Reihe. Senem stand ganz vorn. Ein Soldat trat vor sie und streckte die Hand nach ihrer Brust aus. Sie fuhr zusammen und wich zurück. Haß sprühte aus ihren Augen. Als der Soldat wieder auf sie zu kam, um ihr den Schmuck abzunehmen, riß sie ihn sich vom Leibe und warf ihn dem Soldaten vor die Füße.
Ferad Agha wollte lieber sterben, als mit ansehen zu müssen, was seiner Frau angetan wurde. »Laze Teresu! Hurensöhne! Laze kutko! Hundesöhne!« Die Soldaten nahmen ihn in ihre Mitte. Ferads Wut wuchs. Je mehr sie sich steigerte, umso mehr neue Kraft gab sie ihm. Er stieß Schreie aus und sammelte sich gleichzeitig, um seine Arme zu befreien. Die Knochen konnten dieser Kraft nicht widerstehen. Seine Handgelenke brachen. Seine Stimme wurde dünner und schwächer, dann verstummte er.
Als die Frauen sahen, was geschah, nahmen sie ihren Schmuck und warfen ihn auf den staubigen Boden. Die

Berührung durch eine Soldatenhand hätte ihre Ehre beschmutzt. »Seid verflucht! Rührt uns nicht an!«
Ihr Abscheu war groß. Die Soldaten wurden von den Frauen als Feinde von Ehre, Leib und Leben zutiefst verachtet. Eine Schale, aus der sie getrunken hatten, wurde ausgespült, als wäre eine Maus hineingefallen. Die schlimmste Beleidigung, die man einer Frau zufügen konnte, war die Bezeichnung Soldatenfrau.
Die Soldaten sammelten die Goldstücke, die Silbergürtel, den ganzen Reichtum des Agha, der in der Sonne funkelte, und brachten ihn dem Hauptmann. Es war eine reiche Ausbeute, der Hauptmann war zufrieden. Die Geschichte hatte sich wiederholt. Die Sultane hatten die kurdischen Beys ermorden lassen, um ihre Schatzkammern zu füllen. Auf diese Weise eigneten sie sich deren Vermögen an. Memik Aghas Vermögen war nun in den Besitz der jungen Offiziere der Republik übergegangen.
Hauptmann Ali Fethi Esener befahl: »Bringt sie weg!« Die Gewehre klirrten, die Bajonette glänzten. Dreiundvierzig Menschen wurden auf den Efkar-Hügel getrieben. Einundvierzig von ihnen erfaßten, daß nur noch ein paar Minuten bis zu ihrem Tod verblieben. Der Agha verlor nun ganz die Besinnung. Lebte er noch, oder war er schon nicht mehr? Der Atem reichte nicht zum Beweis.
Yemosch wurde von ihren Schwiegertöchtern getragen. Sie brachte dem Duzgin ihren letzten Dienst dar. »Du bist uns nicht zu Hilfe gekommen. Du hast viel Kummer, hast viel zu tun, sonst hättest du die arme Yemosch nicht verlassen, hättest sie erhört ...« Die Mädchen, Jungen und kleinen Kinder hingen an den Kleidern ihrer Mütter und weinten. Die beiden Schwangeren stapften schwerfällig.
Keine Wolke stand am Himmel. Die traurigen Farben des Herbstes, die Melancholie beherrschte die Natur. Selbst der Kuckuck rief nicht. Was war sein Kummer neben dem der Menschen von Dersim.
Sie kamen an den verfluchten Ort, den roten Hang, an dem nicht einmal Disteln wuchsen. Sie wurden in einer

Reihe aufgestellt. Das Flehen und Beten der Kinder, Frauen und jungen Männer strömte in den Fluß. Ihre Schreie stiegen über die Berge, erfüllten die Ebene von Xidan. »Lemin dae! Uy Lemin! Lemin!«
Die Soldaten knieten auf den Boden und drückten die Gewehre an ihre Schultern. Über Kimme und Korn zielend, den Atem anhaltend, warteten sie auf den Befehl. Dann hob sich der Arm, mit dem einst Memik Aghas Hand gedrückt worden war, und sauste herab. Es riß die Frauen, die jungen Männer um, wie Blätter, die vom Ast gestreift werden. Einundvierzig Menschen und zwei Ungeborene rollten den Hang zum blutigen Fluß hinunter. Immer noch hing die kleine Schilan an ihrer Großmutter.

Dersim i vera sona kare
Mordem ke sono ra Dersim ser
Cero yeno venge şin u şiware
Ax lemın lemın lemın.

Ceno xo dove devursu sero
Vane: »Zoro, zoro derde cigera hare«
Ne zalimone dina
Xorte Dersim i qırkerde
Cer u cor kerde te vırare
Ax lemın lemın lemın.

Dersim i sera mız u dumano
Usar nawo ame
Derde mare pepug u sosın
Gıle koju ra niso buvano
Ax lemın lemın lemın.

Kami zawt dave pıro
Vake: »Mırode pörüne çim de bımano«
Ne zalımone dina ferman do
Vato: »Dersim de az u wuz nemano«
Ax lemın lemın lemın.

Tief aus Dersim heraus
Und hoch über Dersim
Klingt das Wehleiden und Klagen:
Ach, lemin, lemin, lemin.

Den erloschenen Leichen
Singen die Frauen ihr Stöhnen,
Sagen: »Schwer, schwer ist der Verlust unserer Kinder.«
Die Bestien dieser Erde
Mordeten die Jugend Dersims,
Warfen sie einen über den anderen,
Ach, lemin, lemin, lemin.

Herbst zieht über Dersim
Mit Nebel und Rauch,
Soll er sich auf die Gipfel der Berge setzen,
Soll er rufen, der Kuckuck:
Ach, lemin, lemin, lemin.

Sie erschossen die Helden,
Sagten: »Sollen ihre Wünsche ihnen im Halse stecken!«
Denn einen *Ferman* erließen sie,
Die Bestien dieser Welt,
Der besagt: »Mit Kind und Kindeskindern muß Dersim
untergehen!«
Ach, lemin, lemin, lemin.

Der Hauptmann stieg zum Fluß hinunter, um sich zu überzeugen, daß niemand am Leben geblieben war. Unter den ermordeten Menschen ging er umher. Er untersuchte Memik Agha und dessen Kinder. Niemand lebte mehr. Als er zur Kaserne zurückkehren wollte, vernahm er ein Stöhnen. Ferad Aghas kräftiger Körper lag auf seinem Sohn Ali, der schwer atmete. Der Hauptmann beugte sich zu dem Jungen, zog seine Pistole und richtete sie auf dessen Kopf. Er zog den Abzug und tötete ihn. Nun war er sicher, die Sache vollkommen erledigt zu haben.

Hauptmann Ali Fethi Esener kam zum Kasernenhof zurück. Er rief die Ordonnanz und diktierte ein Telegramm an die Divisionskommandantur in Elaziz: »Mursa, der Sohn Memik Aghas, der mit seiner gesamten Familie vernichtet wurde, ist Häftling im Gefängnis von Elaziz. Es ist zum Vorteil des Staates, den Erwähnten zu vernichten. Ich bitte um Veranlassung des Notwendigen.«

Die Leute von Xidan hatten von den Ereignissen erfahren. Wie ein Lauffeuer hatte sich die Nachricht verbreitet. Ihre Angst steigerte sich. War es nicht so, daß der Agha deren Freund gewesen war? Ihn hatten sie mit der ganzen Familie getötet. Nun würde man ohne viel Aufhebens auch sie umbringen. Sie liefen auseinander und verbargen sich in den Bergen. Mit Anbruch der Abenddämmerung schien die Gefahr von seiten der Soldaten gebannt, und sie kehrten in ihr Dorf zurück.

Kemiz war auf das andere Flußufer gelaufen und hatte sich dort versteckt, als die Soldaten anrückten. Mit Hidirs Baby im Arm saß sie in einer Art grüner Höhle und beobachtete das Haus. Die tief am Boden hängenden Weidenzweige und das dichte Gebüsch verbargen sie.
Sie war aufgeregt und fürchtete sich. Es war unbegreiflich, daß die Soldaten das Haus umzingelten. Wie oft waren sie im Haus des Aghas bewirtet worden. Was sollte dieser Tumult, dieses Hin- und Hergelaufe? Da mußte etwas Außergewöhnliches vorgehen. Sie wartete ab.
Mamed gab sie ihre schlaffe, eingefallene Brust, damit er nicht weinte. Mit Entsetzen beobachtete sie, wie der Agha mit allen Familienmitgliedern weggeführt wurde. Ihr Blick folgte ihnen, bis sie hinter der Anhöhe des Kalesan verschwunden waren.
Die Dunkelheit begann sich über den Fluß zu senken. Kemiz hielt es nicht für ratsam, zum Haus, sondern zu Mamo Kuj zu gehen. Mamed gehörte nun unzertrennlich zu ihr. Sie ließ ihn nicht aus dem Arm. Die ganze Nacht

und den nächsten Tag hatte sie die Hoffnung, daß eine Nachricht vom Agha käme.
Es war gegen Mittag, als sie Ale Postik federnd den Weg zum Fluß hinuntergehen sah. Er war ein entfernter Verwandter des Agha und der Postbote für die Soldaten. Selbst bei schlechtestem Wetter tat er seinen Dienst. Er war jemand, der die Soldaten führte und für sie alle Botengänge erledigte.
Kemiz ging mit Mamed im Arm auf ihn zu. Er wußte sicher etwas. »Mein verehrter Ali Agha, hast du nicht etwas von meinem Agha gehört?« Ale Postik verzog das Gesicht, er war verwirrt. Erst schaute er auf die Frau, dann auf das Kind. »Wessen Baby ist das? Kemiz ist verdorrt wie ein Maultier«, überlegte er. Hart fragte er sie: »Wem gehört das Kind?« »Das ist Hidirs Baby. Das ist Mamed, mein Herzallerliebstes.«
Als er das hörte, sah er das Baby haßerfüllt an. Am liebsten hätte er es auf der Stelle erwürgt. Die ganze Sippe des Agha sollte doch ausgelöscht werden. Es würde ausreichen, die Soldaten zu informieren, daß ein Baby noch lebte. Ohne Kemiz einer Antwort zu würdigen, eilte er davon. Erst auf dem Kasernenhof kam er wieder zu Atem. Mit der Mütze in der Hand stand er nun vor dem Hauptmann. »Bist du sicher, ist das wirklich ein Enkel von Memik Agha?« »Ja, Kommandant. Bei Gott, ich bin ganz sicher.« All seine Träume wären zunichte, wenn das Kind lebte. Grund und Boden, Haus und Hof würden dem Kind zufallen. Andernfalls wäre dieser Reichtum sein Eigen. Was würde der Hauptmann tun?
Nicht lange mußte er auf die Antwort warten. Der Hauptmann rief einen Leutnant zu sich: »Ein Enkel von Memik Agha ist angeblich noch am Leben. Nimm diesen Burschen hier mit, stöbere das Kind auf und schicke es zu den anderen.« Ale Postik hörte diese Worte und hätte dem Hauptmann fast Hände und Füße geküßt.
Kemiz konnte sich keinen Reim auf Ale Postiks Verhalten machen. Sie ging zu den Frauen zurück. Hier erfuhr sie

vom Ende des Agha. Sie brach in Wehklagen aus. Eng drückte sie Mamed an sich.
Die Frauen fürchteten, daß Ale Postik etwas Böses im Sinn haben könnte. Sie bereiteten Kemiz etwas Essen zu und schlugen vor, daß sie sich zurückziehen und das Kind, zumindest tagsüber, verstecken sollte. Kemiz ging über den Fluß zum Garten und flüchtete sich von dort aus in den Schutz des dichten Eichenwaldes unterhalb der Anlagen des Hauses und der Imkerei.
Mit Ale Postik voran begannen der Leutnant und seine Soldaten sie zu suchen. Schon bald hatten sie Kemiz gefunden. Sie nahmen das Kind aus ihren Armen. Bis zum Fluß trug Ale Postik es. Dort wurde das Baby mit Bajonetten erstochen und in den Dere Qiz geworfen.

Ohne von all dem Geschehenen zu wissen, saß Mursa im Gefängnis von Elaziz. Der Gefängnisdirektor hatte ihn unter seinen Schutz gestellt. Er hatte eine eigene Zelle und erhielt Türkisch-Unterricht. Auch die Wachen waren ihm freundlich gesonnen.
Mehrere Male war die Forderung des Divisionskommandanten nach Mursas Auslieferung abgelehnt worden. »Wir geben ihn heraus, sobald seine Strafe abgelaufen ist«, hatte der Gefängnisdirektor gesagt, um Zeit zu gewinnen.
So hatte am Ende ein Zweig des Agha doch überlebt.

Die Ermordung von Hidirs Baby hatte die Menschen von Xidan erschüttert. Da sie aber selbst bedroht waren, kamen sie nicht zusammen, um gemeinsam zu klagen. Sobald jedoch zwei Personen sich trafen, erzählten sie sich ihre Sorgen.
»Yazids sind das. Die damals in Kerbela Imam Uschen mit seiner ganzen Familie umgebracht haben, waren Yazids. Jetzt morden sie ganz Dersim hin.«
Die Nachricht hatte auch Zere erreicht, die sich in dem Wald hinter Alçek versteckt hielt. Als sie davon erfuhr, zitterte sie vor Angst. Wenn sie ein Rascheln hörte, schrak

sie zusammen und preßte ihr Baby an sich. Tagsüber verbarg sie sich, nachts, nach Einbruch der Dunkelheit, kam sie ins Dorf zurück. Dann umarmte sie ihre Töchter und stillte die Sehnsucht nach ihnen.
Wochen dauerte dieses Leben, sie lebte wie ein wildes Tier. Es kam sogar vor, daß sie abends nicht ins Dorf ging. Sie zog sich dann auf die Hänge des Koje Sov zurück, die dem Duzgin gegenüber lagen, und beobachtete von dort den Fluß Kalmam und das ganze Tal. Oft hatte sie Gruppen von Menschen gesehen, die aneinander gefesselt hier vorbeigeführt wurden. Diesmal aber war es anders.
Eine Gruppe Verbannter wurde auf ein großes Feld am Flußufer gebracht. Zere sah neugierig hin. Unten entfaltete sich eine fieberhafte Tätigkeit. Die Kurden mußten Holz sammeln. Sie stapelten die großen Stümpfe und gefällten Bäume auf, die der Fluß an Land gespült hatte. Zeres Baby begann zu weinen. Sie gab ihm die magere Brust und sang ein Wiegenlied.

Düri ra düri venge tufongu yeno
Laze mı neweso cizık neceno
Meberve laze mi meberve
Dısmen bervise to hesneno ...

Gewehrschüsse klingen von weit,
Krank ist mein Sohn, will nicht die Brust,
Weine nicht, mein Kleines, weine nicht,
Der Feind könnt' deine Stimme hören ...

Es war ein großer Holzstapel geworden, den die Menschen errichtet hatten. Die Soldaten kreisten die Schar der Gefangenen ein und banden sie auf dem Scheiterhaufen aneinander. Zere konnte sich nicht vorstellen, was sie mit ihnen machen würden. »Sicher werden sie gefesselt dort zurückgelassen«, dachte sie. Etwas später aber stieg schwarzer Rauch zum Himmel, rote Flammen züngelten empor. Zere hörte die Schreie der Menschen. Als die Flammen einander umarmend in die Höhe schossen, sah sie die umstürzenden menschlichen Leiber, während sich der Geruch verbrannten Fleisches im Tal ausbreitete.

Dersim brennt, Dersim blutet. Leid wird hier getan, wie nie zuvor in der Geschichte. Die Jagd auf Menschen dauerte monatelang an. Als der Schnee von den Gipfeln der Berge kam, mußte Zere nach Xidan zurückkehren. Hier herrschte die Angst vor den Soldaten, die Angst vor dem Hunger. Die Frauen brachten ihre Kinder mit dem Ruf: »Still, die Soldaten kommen!« zum Schweigen.
Diese Angst nahm in jenem Jahr nicht ab, auch nicht in den folgenden.

Seit dem gewaltsamen Tod seines Freundes Imam Uschen wuchs in Hemedi die Bereitschaft zum Widerstand. Haß empfand er auf diejenigen, die Blut, Feuer und Tod nach Dersim gebracht, die die Menschen aus ihrer Heimat vertrieben, sie ins Verderben, ins Chaos gestürzt hatten. Dieser Haß war mit jedem Schlag seines Herzens gewachsen. Hemedi war dünn geworden, abgemagert, und seine Augen waren tief in ihre Höhlen gesunken. Innere Unruhe spiegelte sich auf seinem Gesicht, und sein furchteinflößender, fester Blick war härter geworden. Tagsüber legte er mit Freunden, die er um sich gesammelt hatte, dem Militär Hinterhalte. Doch er wußte sehr genau, daß er mit einer Handvoll Menschen nichts erreichen konnte, und wenn er mit ihnen die Lage besprach, sagte er resignierend: »Wenn alle Stämme sich gegenseitig gestützt hätten, wäre diese Katastrophe nie über Dersim gekommen.«
Eines Tages waren sie wieder in eine Auseinandersetzung mit Soldaten verwickelt. Ihnen wurde klar, daß sie unterlegen sein würden. Sie zogen sich zurück und warteten die Dunkelheit ab. In ihrem Schutz verteilten sie sich auf ihre Heimatdörfer, in denen sie schon längere Zeit nicht mehr gewesen waren.
Hemedi empfand große Unruhe, als er unter leuchtendem Sternenhimmel auf sein Dorf zuschritt. Schwermut überkam ihn. Er dachte an Memik Agha. Er dachte an das Ende, das er seinen Taten entsprechend genommen hatte, an Bertal und Ali Agha und all die anderen Kollaborateure. Dann fiel ihm sein Freund ein, er seufzte tief. Er lehnte sich auf gegen den Kuresch, den Duzgin und gegen Gott, die dem Unrecht und der Barbarei gegenüber

gleichgültig geblieben waren. »Worauf warten die denn noch, bei soviel Unrecht?« murmelte er.
Wäre er allein gewesen, er hätte es leichter ertragen können. Was aber sollte aus seiner Frau Schilan und seiner Tochter Helin werden?
Die Stille der Nacht wurde zuweilen vom Heulen eines Schakals oder Wolfes durchbrochen. Das Rauschen des ins Tal springenden Wassers machte die Dunkelheit unheimlich. Der steile, gewundene Pfad hatte ihn zum Gipfel eines Berges geführt. Von hier aus war das Dorf zu sehen. Kein Licht war zu erkennen, kein Ton zu hören. Er war schon ganz nahe herangekommen. »Eigentlich müßten die Hunde anschlagen«, dachte er. »Was ist mit den Hunden dieses Dorfes los?« Dann ergriff ihn eine dunkle Vorahnung. Die Gedanken waren bei seiner Tochter und seiner Frau. »Ach, nein, ich darf nicht so denken«, versuchte er sich zu beruhigen.
Er war an der Umzäunung unterhalb des Hauses angelangt. Noch immer kein Laut. Er beschleunigte seine Schritte. Unter dem fahlen Licht der Sterne betrat er den Hof, er war leer. Er lief zum Haus, die Tür stand offen. Im Dunkeln ging er von einem Raum in den anderen. »Schilan, Schilan! Helin!« Seine Rufe blieben ungehört. Das Atmen fiel ihm schwer, seine Kehle, sein Mund, seine Zunge waren ausgetrocknet, die Brust hob und senkte sich rasch. Angst und Beklemmung erfaßten ihn. »Vielleicht sind sie bei meinen Brüdern.« Einen Augenblick später war er bei Imams Haus. Er wollte rufen: »Imam, Imaaam!« Doch seine Kehle war verschlossen, als wäre ihm ein Messer hineingefahren. Nur heisere Laute kamen heraus. Er ging in die anderen Häuser, doch weder bei Imam noch bei Sadig traf er jemanden an.
Dann begann er im Dorf herumzugehen. Er hoffte, irgend jemanden zu finden. Die Türen und Fenster standen offen, das Dorf war menschenleer.
Einsam und hilflos kam er sich vor. Helin und Schilan standen ihm vor Augen. »Sind sie getötet worden, oder

leben sie vielleicht noch?« fragte er sich. Die Gedanken an sie ließen ihn seine Müdigkeit vergessen. Er stieg auf das Dach seines Hauses. Hier legte er sich in den Staub. Seine Augen wanderten zu den Sternen, die in der Weite des Himmels funkelten und ihn mit Helin und Schilan verbanden. Jedesmal, wenn er ins Dorf gekommen war, hatte Helin gerufen: »Bave mi amo! Bave mi amo! Mein Vater ist gekommen!« und war ihm freudig um den Hals gefallen.

Sobald die Dunkelheit dem ersten Dämmerlicht wich, erhob er sich. Sein Körper schmerzte, und als die Vögel den Morgen mit stürmischem Gezwitscher begrüßten, dachte er an die Zeiten, in denen das Dorf voller Bewohner gewesen war. In diesen Morgenstunden pulsierte hier vor kurzem noch das Leben.

Nacheinander betrat er noch einmal sein eigenes Haus, dann die seiner Brüder und schließlich alle Häuser des Dorfes. Die Spuren, die er fand, zeigten deutlich, daß die Menschen in Aufregung und Eile waren, als sie fortgingen. Nur Katzen strichen herum und miauten leise.

An jenem Tag war er der erste, der zum Treffpunkt der Freunde kam. Als auch die anderen nacheinander mit hängenden Köpfen eintrafen, wurde ihm klar, daß alle umliegenden Dörfer entvölkert worden waren. Nach einem kurzen Meinungsaustausch teilte man sich in zwei Gruppen auf. Abschied und Trennung wurden ihnen schwer. Würde man sich jemals wiedersehen?

Hemedi versteckte sich mit einem Freund am Tage und wanderte nachts. Sie überquerten den Fluß Peri und kamen schließlich nach einem ermüdenden Marsch zu den Bergen Harputs. Als sie von hier Elaziz mit Tausenden von Lichtern daliegen sahen, wuchs ihre Erregung. Sie stiegen in die Stadt hinunter und erfuhren dort: »Die Menschen sind mit Stricken aneinander gefesselt hierher gebracht worden. Hungrig, krank und müde, am Ende ihrer Kräfte werden sie in schwarze Waggons geladen. Sie sagen, sie verschicken sie in den Westen. Aber der Westen ist groß, in welche Stadt sie gebracht werden, weiß man nicht, das halten sie geheim. Keiner von ihnen ist jemals zurückgekehrt, und von keinem ist bisher eine Nachricht gekommen.«

Die folgenden Tage verbrachte Hemedi auf dem Bahnhofsgelände. Aus einem sicheren Versteck heraus beobachtete er die Menschen, die in Viehwaggons geladen wurden. Es herrschte Weltuntergangsstimmung, die Menschen wurden gestoßen und getreten, mit Gewehrkolben bearbeitet, willkürlich mit Knüppeln geschlagen, Familien wurden auseinandergerissen, Mütter von ihren Kindern, Männer von ihren Frauen getrennt. Alles war in Lärm und Staub gehüllt.

Er wartete, trotz Hunger und Durst rührte er sich selten vom Fleck, gab die Hoffnung nicht auf. Ein ums andere Mal fielen ihm die Augen zu, und er mußte sich gewaltsam wach halten. In einem solchen Moment sah er plötzlich seine Frau. War das wahr oder eine Erscheinung? Er versuchte aufzustehen, ihn schwindelte. Helin ging hinter ihr, nun sah er sie deutlich. Die Soldaten umringten sie. Er aber nahm sie nicht zur Kenntnis und eilte auf die Gruppe zu. Ein Soldat rief ihn an: »Hey, stehenbleiben! Wohin gehst du? Willst du vielleicht auf Reisen gehen?« Doch niemand sonst kümmerte sich um ihn.

Er fand den Blick seiner Frau. Seine geliebte Frau Schilan war schmal, ihre dunkle Haut bleich geworden. Kummer, Trauer und Erschöpfung hatten sich ihr wie eine schwere Last auf die Schultern gelegt und sie tief gebeugt. Als sie Hemedi erblickte, leuchteten ihre Augen. Ein Lächeln kam auf ihre Lippen. So überwältigend ihre Freude war, den geliebten Mann wiederzusehen, wußte sie doch im gleichen Moment, wie leidenschaftlich er die Freiheit liebte, und der Gedanke, daß er sich versklaven müßte, trübte ihr Glück.

Helin lief auf ihren Vater zu und flog ihm um den Hals. »Bave mi, bave mi! Mein Vater, mein Vater!« rief sie und klammerte sich an ihn. Gleichzeitig strömten die Tränen.

Hemedis Streicheln und seine Worte »Me berve, bav qedae to bijero, me berve. Weine nicht, dein Vater bleibt ja bei dir, weine nicht« nützten nichts. Schilan unterdrückte ihre Tränen und folgte ängstlich und bedrückt dem rührenden Wiedersehen von Vater und Tochter.
Der Waggon, in den sie geschoben wurden, war überfüllt. Als der Zug sich in Bewegung setzte, beteten die älteren Leute. »Oh, Duzgin! Oh, Ali! Oh, Kuresch!« hörte man und die Namen vieler anderer Heiliger. Von ihnen erhofften sie sich Hilfe. Hemedi aber ärgerte sich über diese inbrünstigen Rufe. »Wer sich nicht selbst helfen kann, dem helfen die auch nicht«, klagte er bitter.
Nach der Abfahrt pfiff der Zug lange, als wolle er sich von Kurdistan, von Dersim verabschieden. Für viele Kurden war es ein Abschied für immer.
Einige Zeit darauf war es still im Waggon geworden, nur das eintönige Rattern der Räder auf den Gleisen war zu hören. Sie waren zusammengepfercht, und um sitzen zu können, mußte man die Kinder auf den Schoß nehmen. Die Familien krochen eng zusammen.
Es war Nachmittag gewesen, als sie in den Zug eingestiegen waren. Die Ebene von Elaziz war wie in Feuer getaucht. Es waren die wärmsten Tage des Herbstes. Im Waggon war es heiß wie in einem Ofen, und die stickige Luft und der schwere Geruch ließen die Menschen fast erstikken.
Die gleichförmige Fahrt hielt den Tag, die Nacht und den nächsten Tag mit kurzen Unterbrechungen an. Im Waggon wechselte tiefe Dunkelheit mit hereindringendem Tageslicht, die Hitze mit der Morgenkühle. Doch weder die verriegelte Tür wurde geöffnet, noch ein Stück Brot oder ein Schluck Wasser hereingereicht. »Dreckige Kurden! *Kizilbaş!* Soll man die Staatsfeinde vielleicht noch ernähren?«
Die Kinder jammerten, Hunger und Durst nagten an ihnen. Am zweiten Tag kam es zu den ersten Todesfällen. Zuerst traf es die Kranken und Schwachen unter den Kin-

dern, dann auch die Erwachsenen. Die Toten wurden mit einem Stück Stoff bedeckt. Nicht einmal die Totenklagen konnte man ihnen bringen.

Völlig entkräftet war Hemedi mit Frau und Tochter Helin in Aydin angekommen. Mit ihnen waren noch ein paar andere kurdische Familien ausgeladen worden. Alle anderen Menschen aus Dersim waren Hunderte von Kilometern voneinander entfernt verteilt worden. Hemedis Brüder Imam und Sadig waren nach Bergama und Ayvalik deportiert worden.
Als sie vor der Polizeistation abgesetzt wurden, waren sowohl Schilan als auch Helin am Ende ihrer Kräfte. Helin war abgemagert, aus ihren schwarzen Augen war der Glanz gewichen. Selbst Hemedi, der durch das Leben in den Bergen von Dersim abgehärtet war, konnte sich kaum auf den Beinen halten. Er brachte Frau und Tochter unter den Treppenaufgang zum ersten Stock des Hauses gleich neben der Polizeiwache. Um etwas Eßbares aufzutreiben, tat er sich in der Gegend um. Von weitem schlug ihm der Duft warmen Brotes entgegen, und er ging darauf zu. Ohne ein Wort zu sagen, baute er sich vor dem Bäcker auf.
Der schaute diesen fremden Mann mit der Adlernase, den harten Augen und den ineinander verwachsenen Bart- und Haupthaaren neugierig an. Dann mußte er den Kopf abwenden und seinem Blick ausweichen, sobald sich ihre Augen trafen. Ein beunruhigender, stechender Blick war das. Hemedi stand wie versteinert und wandte die Augen nicht von ihm. Der Bäcker wurde unruhig. Schließlich reichte er ihm einen Laib, um ihn loszuwerden.
Hemedi fürchtete um die Gesundheit seiner völlig abgemagerten Frau. Schilan war krank, oft bekam sie Schüttelfrost. Ihre großen Augen waren klein geworden, das Weiße darin übergroß. Doch sie ließ Helin nicht aus ihren Armen, tat alles, damit nur ihre Tochter nicht friere. Alle Lebensmittel, die Hemedi mitbrachte, gab sie ihrer Tochter zu essen.

Helin war völlig verdreckt. Ihr häufiges Weinen hatte dazu geführt, daß sich der Staub auf ihren feuchten Wangen in dunklen Flächen abgelagert hatte. Die schwarzen Haare klebten ihr am Gesicht, ihr Kleid war verschmutzt, seine Farbe unkenntlich geworden. Helin saß den ganzen Tag bei ihrer Mutter und lauschte deren wehmütigen Schlummerliedern. Manchmal verloren sich ihre Augen in der Weite des Himmels und ließen erkennen, daß sie sich nach den Menschen, den Kindern und den hohen Bergen ihres Dorfes sehnte. Immer wieder fragte sie ihre Mutter nach ihren Spielkameraden.
Tage vergingen und Wochen, ihre Lage änderte sich nicht. »Dreckige Kurden! Rotköpfe!« war oft zu vernehmen. Ganz besonders stimmte sie das Rufen der Kinder traurig, die ihnen: »Heiden! Rotköpfe! Dreckige Kurden!« hinterher riefen und Steine nachwarfen.
Eines Tages blieb in einiger Entfernung ein Feldwebel mit seiner Frau stehen und beobachtete sie lange. Die beiden sprachen und gestikulierten miteinander, und Hemedi und Schilan merkten, daß es dabei um ihre Familie ging.
Schilans Zustand verschlechterte sich. Hunger und feuchte Kälte sowie die fehlende Möglichkeit, sich einmal zu säubern, zermürbten sie. Ihre Anfälle von Schüttelfrost häuften sich. Selbst in der Wärme des Tages überkamen sie die Anfälle. Sie hatte ihre Körperwärme verloren, und damit auch allen Lebensmut. Ihre Augen blickten ins Leere, ihre feinen Gesichtsknochen stachen hervor.
Helin jedoch ging es allmählich besser. Ihr Gesicht bekam wieder Farbe, ihre großen Augen erlangten ihre frühere Lebendigkeit zurück, ihr schmutziges, dunkles Gesicht trug eine geheimnisvolle Schönheit. Wer sie sah, schaute sie mit Erstaunen und Neugier an. Man wunderte sich über die Schönheit dieses schmutzigen kurdischen Mädchens. Sie selbst war sich dessen nicht bewußt, lief mit ihren rissigen, nackten Füßen in der Gegend umher, schaute sich die gepflegten Kinder an und spielte selbst in Schmutz und Dreck.

Das Wetter in Aydin war anders als das in Dersim. Die Feuchtigkeit des Herbstes drang in die Knochen. In jener Nacht war es wieder sehr kalt. Schilan hatte ihre Tochter abends in ihr eigenes Gewand gewickelt und den Arm als Kissen unter ihren Kopf geschoben. Dann hatte der Schlaf sie eingehüllt, ein Schlaf, aus dem sie nicht wieder erwachen sollte.
Schilan war von Folter und ewiger Trübsal befreit. Wen der Staat nicht in Dersim zu töten vermocht hatte, den tötete er im Westen, qualvoll, langsam.
Hemedi hatte sich an die Wand neben Frau und Tochter gelegt und kämpfte in der Dunkelheit der Nacht lange mit seinen Gedanken. Dann besiegte auch ihn die Müdigkeit, und er fand ein wenig Schlaf.
Noch in der Dämmerung erhob sich Hemedi und betrachtete Helin. Sie atmete tief, schön wie ein Engel war sie anzusehen. Er freute sich. Dann blickte er seine Frau an. Ihr Gesicht war regungslos und bleich. Hemedi erschrak. Er beugte sich zu ihr hinunter, legte ihr die Hände an den Hals. Eiskalt war sie. Sie war gestorben.
Die Knie gaben nach, ihm schwindelte, er fiel zu Boden. Als er wieder zu sich kam, nahm er seine Tochter, ohne sie aufzuwecken, der Mutter aus dem Arm und legte sie auf den groben Sack, auf dem er selbst gelegen hatte. Er hockte sich neben seine Frau und legte ihren Kopf auf seine Knie. Stundenlang schaute er sie an. Er konnte nicht weinen. Doch innerlich vergoß er viele Tränen. Die Adern auf seiner Stirn waren geschwollen.
Als die Soldaten von der Polizeistation kamen und die tote Mutter forttrugen, brach Helin in wilden Schmerz aus. Weinend und schluchzend verlor sie im Arm ihres Vaters fast die Besinnung.
Am folgenden Tag kamen der Feldwebel und seine Frau. Sie beobachteten Vater und Tochter eine Weile, dann trat die Frau auf Hemedi zu und sagte: »Gib mir deine Tochter, ich will mich um sie kümmern.« Hemedi preßte Helin an sich, als wolle er sie in seiner Brust verstecken.

Doch die Frau war beharrlich. Ihre sanfte Haltung drückte aus, daß sie das Kind im guten nehmen wollte. »Wenn du sie nicht hergibst, stirbt auch die Kleine wie deine Frau. Hast du denn gar kein Mitleid mit deiner Tochter?« fragte sie, und Hemedi besann sich. »Vor uns steht der Winter, dann sterben wir beide auch«, dachte er voller Angst. Er willigte ein, und so war er nun auch von seiner Tochter getrennt.

Zehn Jahre bemühte sich Hemedi, Helin zurückzubekommen. Sie gaben sie nicht heraus, ja sie hatten ihm sogar untersagt, sie zu sehen. Die Frau des Feldwebels, die keine Kinder bekommen konnte, gab Helin ein gutes Zuhause. Helin war vierzehn Jahre alt geworden und zu einem hübschen Mädchen herangewachsen.
In jenen Tagen erließ die Regierung eine Amnestie, die erlaubte, daß die Kurden in ihre Heimat zurückkehren durften.
Hemedi suchte nach einem Weg, seine Tochter zu treffen. Als er sie eines Tages allein auf der Straße sah, ging er auf sie zu, seine Augen strahlten. »Helin, meine Helin!« rief er. Er wollte sie voller Glück in seine Arme schließen und seine Sehnsucht stillen. Helin erschrak und wich zurück. Sie erkannte ihn nicht, und seine Freude verwandelte sich in Trauer und Schmerz.
»Helin, meine Tochter, ich bin doch dein Vater. Wie kannst du mich zurückstoßen? Deine Mutter hatte dich so lieb. Während sie dich beschützte, ist sie nur ein paar Straßen entfernt von hier gestorben. Danach haben sie dich mir weggenommen. Schau, meine Tochter, mein ein und alles! Wir sind Kurden, wir sind keine Türken. In Dersim haben die Türken unsere Familien umgebracht, und wer überlebte, wurde in den Westen verbannt. Jetzt ist eine Amnestie erlassen worden. Komm, laß uns zusammen in unser Dorf zurückkehren!«
Verständnislos schaute sie ihn lange an, dann kehrte sie ihm den Rücken zu.

So hatte er auch Helin, das Andenken an seine geliebte Frau Schilan, verloren.
Zehn Jahre, nachdem er aus seiner Heimat verbannt worden war, kehrte Hemedi mit seinen Brüdern nach Kurdistan zurück.

Glossar

Alewiten – Der alevitische Glaube ist aus einer Abspaltung vom Islam entstanden. Eine Gruppe von Muslimen wollte nach dem Tod Mohammeds die neuen Khalifen Abubakr und Omar Othman nicht anerkennen. Sie sahen nur in Ali, dem Schwiegersohn Mohammeds, den rechtmäßigen Nachfolger.

Ali Scher – Kurdischer Widerstandskämpfer, der die Aufstände in Koçgiri und Dersim organisierte.

Ayran – Ein Getränk aus Joghurt und Wasser.

Cem-Versammmlung – Gottesdienst der alewitischen Kurden.

Dede – Ein religiöser Führer.

Dere – Fluß, Bach.

Ehlibeyt – »Leute des Hauses«, ursprünglich Angehörige der Familie des Propheten Mohammed, im engeren Sinne nur noch für die Familie Alis gebräuchlich, also für die aus alewitisch/schiitischer Sicht einzig legitimen Nachfolger des Propheten.

Eule – wird als Unglücksbote, vor allem als Künderin eines Todesfalles betrachtet.

Ferman – Im Islam religiöser Befehl des Landesherrn.

General Abdullah Pascha – Er hat sowohl in Koçgiri als auch in Dersim die türkischen Armee-Einheiten befehligt. Er wurde der »Metzger von Dersim« genannt.

Hadschi Bektaschi Veli – Gründer des Bektaschi Ordens (1248–1337). Ihm wurden Wunderkräfte zugeschrieben. Derwische aus seiner Anhängerschaft verbreiteten seine Lehre auch in Dersim.

Hamidische Regimenter – Unter Abdülhamit II. gegen die Unruhen in den kurdischen Gebieten und gegen das armenische Volk eingerichtete militärische Spezialeinheiten, die vor allem aus Kurden rekrutiert wurden.

Hazreti Ali – Ali, Schwiegersohn von Mohammed, war der vierte Kalif und Feldherr der islamischen Armeen. Er wurde im Jahre 661 in Kufa in der Moschee ermordet.

Hussein aus Kerbela (Imam Uschen) – Enkel Mohammeds und Sohn von Ali, der 680 in Kerbela vom Omayyaden Kalif Yazid ermordet wurde. Die Truppen des Omayyaden Yazids schnitten Hussein den Zugang zu den Wassern des Euphrat ab und töteten auf grausame Weise ihn, seine Familie und seine Begleiter. Deshalb ist Kerbela für die Alewiten ein Wallfahrtsort.

Kavurma – Klein geschnittenes Fleisch, das erst leicht gekocht und dann mit Fett konserviert wird.

Kemere Eli – Wallfahrtsort, Alis Felsen, durch den ein Weg zum heiligen Berg Duzgin führt.

Kizilbaş – Rotkopf; siehe dort.

Koçgiri – Nordwestkurdistan; Anfang der zwanziger Jahre haben sich hier die Kurden für die Autonomie ihres Gebietes gegen die türkischen Machthaber erhoben.

Koje – Der Berg.

Misto – Bezeichnung der kurdischen Bevölkerung für Mustafa Kemal Atatürk, zu jener Zeit Staatspräsident der Türkei.

Mustafa Kemal Pascha – Atatürk (1881–1938), Gründer der türkischen Republik.

Pepo keko – Lautmalerei für den Ruf des Kuckucks (kurd. Pepûk).

Pestil – Fladen aus getrocknetem Aprikosen-, Pflaumen- oder Maulbeermus.

Pir – Religiöser Führer oder Priester. Seine Aufgabe ist die Beratung und Betreuung der Familien und die Durchführung von religiösen Festlichkeiten und Gottesdiensten. Jede Familie wird einmal im Jahr besucht und über alewitische Gebote belehrt, es wird über Probleme gesprochen und miteinander gebetet.

Piro – Spitzname von Seyid Riza, der den Dersim-Aufstand organisiert hatte. Er wurde 1938 mit seinem Sohn und den Weggefährten in Elaziz auf dem Marktplatz erhängt.

Saz – Volkstümliches Saiteninstrument.

Schafiiten – Mitglieder einer der vier sunnitischen Hauptrichtungen des orthodoxen Islam.

Scheich-Said-Bewegung – Aufstandsbewegung unter Führung von Scheich Said im Jahre 1924 gegen die Unterdrückungspolitik von Kemal Atatürk. Ein Jahr später wurde der Aufstand von den Türken mit Hilfe der Franzosen niedergeschlagen.

Schmied Kawa – Mythologische Figur, die die Kurden gegen den Tyrannen Dehak führte. An diese Manifestation kurdischer Identität wird jährlich am 21. März, dem kurdischen Neujahrsfest Newroz, erinnert.

Sultan Selim I. (1470–1520) – Osmanischer Sultan, der seinen Vater entmachtete und eine Allianz mit den Kurden einging.

Sultan Süleyman – Stehender Begriff für einen reichen mächtigen Herrscher, dem die Welt offensteht.

Telegramm nach Lausanne – Lausanner Vertrag von 1923, bei dem u. a. der im Vertrag von Sèvres (1920) vorgesehene Autonomiestatus der kurdischen Gebiete revidiert wurde; die kurdische Bevölkerung wurde aufgefordert, Telegramme nach Lausanne zu schicken, mit dem Inhalt: »Wir wollen mit unseren türkischen Brüdern zusammenleben.«

Ulusoy – Vertreter des Bektaschi Ordens.

Vali – Gouverneur.

Vierzig – Nach alewitischer Vorstellung Anzahl der Heiligen, die auf einem heiligen Berg über das Schicksal der Menschen beraten; magische Zahl.

Yazid – Sohn des Omayyaden Kalif Muaviye. Er ermordete Imam Hussein.

Zerafet (Babuko) – Kurdisches Nationalgericht, Brotkuchen mit Butter, Knoblauch und Joghurt.

Foto: Thomas Schuster

Haydar Işik

1937 in Dersim geboren, lebt seit 1974 in Deutschland in der Nähe von München und arbeitet als Lehrer. Nach mehreren Veröffentlichungen, hauptsächlich zum Thema des Rassismus in der Türkei, wurde er in der Zeit des Militärputsches 1980 von den türkischen Behörden ausgebürgert.
Seitdem hat er einige deutsche Bücher ins Türkische übersetzt, die in der Türkei erschienen.
Sein erster Roman »Der Agha aus Dersim« erschien im September 1990 ebenfalls in der Türkei und wurde bereits einen Monat später verboten und beschlagnahmt. Gegen den Autor und seinen Verleger wurden Strafverfahren eingeleitet.

2. Auflage 1995
© für die deutschsprachige Ausgabe A1 Verlags GmbH München
Alle Rechte vorbehalten
Fotomechanische Wiedergabe nur mit Genehmigung des Verlages
Satz: Fotosatz Kretschmann GmbH, Bad Aibling
Litho: Semicolon Productions, München
Umschlagfoto: Engelbert Kohl, mit freundlicher Genehmigung des
Herbert Weishaupt Verlages, Graz, aus dem Fotoband »Kurdistan«
Gestaltung und Typographie: Herbert Woyke
Gesamtherstellung: A1, München
Buchbinderische Verarbeitung: Bückers GmbH, Anzing bei München
Papier: 100 g/m^2 Freelife Vellum cream von Zenith
Gesetzt aus der 11/12 1/2 Punkt Bauer Bodoni roman
Printed in Germany
ISBN 3-927743-16-X

Die Deutsche Bibliothek – CIP-Einheitsaufnahme
Işik, Haydar:
Der Agha aus Dersim/Haydar Işik.
Aus dem Türk. von Sabine Atasoy. – 2. Aufl. –
München: A1-Verl., 1995
ISBN 3-927743-16-X